Martin Nusch

111 Mal mit WDR 2 raus in den Westen

Mit Fotografien von Saschko Bach

111

emons:

Bibliografische Information der Deutschen Nationalbibliothek
Die Deutsche Nationalbibliothek verzeichnet diese Publikation
in der Deutschen Nationalbibliografie; detaillierte bibliografische
Daten sind im Internet über http://dnb.d-nb.de abrufbar.

FSC
www.fsc.org
MIX
Papier aus verantwortungsvollen Quellen
FSC® C083411

Layout: Eva Kraskes, nach einem Konzept
von Lübbeke | Naumann | Thoben
Kartografie: altancicek.design, www.altancicek.de
Kartenbasisinformationen aus Openstreetmap,
© OpenStreetMap-Mitwirkende, ODbL
Druck und Bindung: CPI – Clausen & Bosse, Leck
Printed in Germany 2021
ISBN 978-3-7408-1191-4
Originalausgabe

Vorwort

WDR 2 Raus in den Westen, so heißt die Facebook-Gruppe, in der seit dem Sommer 2019 viele WDR 2 Hörerinnen und Hörer ihre Lieblingsplätze und schönsten Wege für Tagesausflüge, Spaziergänge und alle Arten kleiner Urlaube in Nordrhein-Westfalen austauschen. Innerhalb von 18 Monaten stieg die Zahl der angemeldeten Teilnehmer auf mehr als 65.000, jeden Tag werden neue Touren und Zielorte eingebracht und diskutiert. Und immer wieder steht in den Kommentaren: »Wow! Das kannte ich noch gar nicht, obwohl ich ganz in der Nähe wohne!«

111 Ziele habe ich herausgepickt, verteilt über den ganzen Westen. Manche kennen Sie vielleicht, andere haben eher Geheimtipp-Status. Es sind beeindruckende, malerische, skurrile, spektakuläre, nostalgische, familiäre und immer wieder überraschende Orte dabei. Oft haben sie etwas mit alter Industrie zu tun – oder mit Eisenbahnprojekten. Typisch für den Westen: Was woanders eine Bergtour wäre, ist hier ein Haldenspaziergang, statt Strandpromenade gibt es Bahntrassenradeln, ein idyllischer See entpuppt sich als Spätfolge eines Kohleschachts. Und was das Vogelschutzgebiet bei Münster früher mal war … lesen Sie selbst!

Bei der Auswahl hat Fabian Raphael aus dem WDR 2 Morgenmagazin-Team geholfen. Er ist ein passionierter Wanderer und selbst sehr aktiv bei WDR 2 Raus in den Westen. Seine persönlichen Eindrücke hat er an vielen Stellen ins Buch einfließen lassen. Außerdem haben einige WDR 2 Moderatorinnen und Moderatoren ihre Lieblingstouren beigesteuert. Saschko Bach schließlich war überall mit der Kamera unterwegs. Die Basis ist aber die Begeisterung für unser Bundesland bei WDR 2 Raus in den Westen. Nur durch sie kam diese tolle Sammlung von Ausflugszielen zustande. Allen Mitschreibern und Kommentatoren ein herzliches Dankeschön! Besonders den vielen, die mir während der Recherche geduldig Antworten auf meine Fragen gegeben haben.

Viel Spaß beim Lesen und Entdecken – und dann: Raus in den Westen!

111 Orte

1 Das Witte Venn

Zweiländertour durchs Moor (and more)

Die erste Wanderung in diesem Buch mit nordrhein-westfälischen Ausflugszielen verlässt bereits nach 500 Schritten deutsches Gebiet und streunt durch die Niederlande. So etwas wird uns noch öfter passieren. Die Grenzen sind durchlässig, oft unsichtbar, und WDR 2 Raus in den Westen heißt auch, den Segen eines vereinten Europas zu erleben.

Wer nach Ahaus im Westmünsterland kommt und zur Haarmühle fährt, findet am Parkplatz eine Tafel mit mehreren Tourentipps. Die Acht-Kilometer-Variante hat WDR 2 Hörerin Tania sich herausgepickt: »Die Tour führte an Seen vorbei, wo man Vögel beobachten konnte. Wir hatten alles für ein Picknick dabei und haben zwischendurch haltgemacht. Die Tour ist auch gut für Hunde geeignet.«

Zunächst geht es nach Westen, ins Witte Venn. Nach einem Kilometer biegt der Weg rechts ab, die Landschaft wechselt zwischen feuchten Moorgebieten und Heideflächen. Für die Landwirtschaft waren die Böden hier nie besonders geeignet, nur Schafe kamen einigermaßen zurecht. Heute sehen Wanderer aber mit etwas Glück andere Tiere, die das Gelände frei halten: Schottische Hochlandrinder mit respekteinflößenden Hörnern und zottigem Fell! Bei Tanias Besuch lagen sie mitten auf dem Weg – friedlich, wie sie sagt. Auch Lotte schreibt: »Fahrt mal hin, die sind ganz zahm.«

Andere Venn-Bewohner hört man: Abends ist Laubfroschkonzert. Außerdem rasten im Witten Venn Zugvögel, wenn gerade Saison ist. Der Begriff Venn wird uns auf den 111 Touren noch öfter begegnen, er bedeutet etwa: morastiges Feuchtgebiet.

In einem großen Bogen führt der Weg zurück zur Haarmühle. Dort kann man sich stärken, aber auch gleich noch eine Besichtigung dranhängen. Die Wassermühle ist nämlich über 400 Jahre alt und funktioniert noch. Die Ahauser Aa wird gestaut und treibt ein Rad an, das – inzwischen – Strom erzeugt. Das hätten sich die Erbauer damals auch nicht träumen lassen.

Adresse Landgasthof Haarmühle, Beßlinghook 57, 48683 Ahaus-Alstätte, Tel. 02567/93190 | Anfahrt ab Ahaus Buslinie C 87 nach Alstätte, dann vier Kilometer Fußweg zur Haarmühle; A 31 / B 54 zur B 70, in Alstätte auf die Buurser Straße | Tipp Wer nicht laufen kann oder möchte, lässt sich mit dem Elektroauto durchs Naturschutzgebiet fahren. Info in der Haarmühle.

2 Das Service-Kino

Sogar die Popcornsorten sind spannend

In Altena im Sauerland steht das Kino mitten auf der Straße. Das Gebäude in der Nettestraße liegt wie eine Insel zwischen den Fahrspuren. Ansonsten reihen sich in der Straße Fabrikgebäude der alten Draht- und Metallindustrie aneinander. Altena ist die Drahthauptstadt, es gibt sogar ein Drahtmuseum. Und mittendrin erscheint dann plötzlich dieses alte rote Haus mit dem Apollo-Schriftzug.

2019 war das Apollo unter den Top Ten einer deutschlandweiten Lieblingskino-Wahl (zusammen mit dem Zoom in Brühl und dem JAC in Attendorn). Und auch bei den WDR 2 Hörern scheint dieses »Service-Kino« warme Emotionen auszulösen: »Unser absolutes Lieblingskino«, »Ich liebe dieses Kino«, »Wenn Kino, dann nur dieses!« und: »Supersüßes Kino. Mit Service am Platz. Leckere selbst gemachte Baguettes und Cocktails und frisch gezapftes Bier.«

Ein Kinobesuch soll etwas Besonderes sein. Das gilt im Zeitalter von Netflix, Mediatheken und Handyfilmchen erst recht. Eine schöne Atmosphäre ist vielen wichtig – und eine Tüte auf dem Schoß, aus der man fortwährend etwas Knuspriges ziehen kann. Popcorn: ein Muss! Tatsächlich ist es schon seit hundert Jahren *der* Kino-Snack. Damals begannen in amerikanischen Kinosälen Bauchladenverkäufer, gepoppten Mais direkt in die Sitzreihen zu verkaufen. Altena war damals sehr weit weg von Amerika, Popcorn gab es hier zunächst nicht bei Vorstellungen. Aber Bütterken wurden schon 1924 gereicht, berichtet die Apollo-Chronik. So lange gibt es dieses Lichtspielhaus schon! Und inzwischen ist auch der Poppmais verfügbar. »Spannende Popcornsorten«, meldet Marian aus Balve sogar. Getränke und Essen werden per Knopfdruck bestellt und an den Platz gebracht.

Ein Kommentar zum Apollo lautete: »Besser ist eventuell nur das eigene Wohnzimmer« – aber wir sind ja hier bei »WDR 2 Raus in den Westen«, nicht bei »WDR 2 Rauf aufs Sofa«!

Adresse Nettestraße 15, 58762 Altena, Tel. 02352/22279 | Anfahrt RE 16 (ab Bochum/Essen), RE 91 (ab Hagen) bis Altena, 15 Minuten Fußweg zum Kino; tolle Serpentinenstrecke von Lüdenscheid-Nord über Wiblingwerde ins Lennetal! | Tipp Weitere empfohlene Kinos aus der Gruppe: Eulenspiegel in Essen, Weidenhof in Plettenberg, Filmpalast in Lüdenscheid und das Autokino in Dortmund.

3 Am Märchenwald

Simultankirche und Wasserorgel

Der Altenberger Dom ist kein Bischofssitz, keine Kathedrale, aber trotzdem eine gewaltige Kirche. Das Westfenster aus dem Jahr 1400 ist das größte gotische Kirchenfenster nördlich der Alpen. Wenn man den Bau zum ersten Mal sieht, fragt man sich, wo in dieser abgeschiedenen Ecke all die Menschen herkommen sollen, um ihn zu füllen. Er war die Stammkirche der Grafen von Berg, von denen der Name »Bergisches Land« kommt.

Seit gut 150 Jahren teilen sich Katholiken und Protestanten die Kirche für ihre Gottesdienste. So etwas nennt man »Simultankirche«.

Den Märchenwald beim Dom gibt es auch schon bald hundert Jahre: Grimm'sche Märchenfiguren in kleinen Holzhütten. Und obwohl das Vorlesen von Märchen heutzutage aus der Mode gekommen ist, finden trotzdem noch viele Familien für einen Ausflug hierher. Vor allem aus Nostalgie. WDR 2 Hörer Dieter zum Beispiel freut sich: »Es sieht so aus, als hätte sich im Märchenwald seit den frühen 1960er Jahren nichts geändert. Das ist nicht negativ gemeint!« Die Figuren wurden zwischendurch renoviert, was ihrem altmodischen Charme aber nicht geschadet hat.

Das Highlight ist allerdings der Besuch im Café am Eingang zum Märchenwald. Wichtiger als die Speisekarte ist die Platzwahl mit dem richtigen Blick – und die Uhrzeit! Pünktlich zur vollen Stunde ändert sich nämlich die Beleuchtung, Musik beginnt zu spielen, und dann plätschert die Wasserorgel los. Im Rhythmus der Musik spritzen Wasserfontänen aus vielen Düsen quer über eine kleine Bühne. Eine Art analoges Real-Life-Musikvideo. Für viele Besucher werden hier Kindheitserinnerungen wach, denn was heute ein skurriles Relikt aus alten Tagen ist, war in den 1950er Jahren, als die Wasserorgel eingebaut wurde, faszinierendes Hightech. Sollten Kinder oder Enkel das Ganze etwas wunderlich finden, können sie sich ja solange wieder auf ihr Handy und ihr Kuchenstück konzentrieren!

Adresse Märchenwaldweg 15, 51519 Odenthal-Altenberg | Anfahrt Buslinien 212, 238, 267 und 432 bis Haltestelle Altenberg; A 1 Ausfahrt Burscheid | Öffnungszeiten Märchenwald täglich 10–19 Uhr, die Wasserorgel spielt von 12–17 Uhr zur vollen Stunde | Tipp In Odenthal, einen drei Kilometer langen Spaziergang entfernt, steht ein Hexenkessel – ein sprudelndes, blubberndes Denkmal, das an die Zeit der Hexenverbrennungen erinnert.

4 Der Wildwald

Ziegen, Uhus, Frettchen, Hirsche, Libellen …

»Sehr schön zur Brunftzeit«, bewertet WDR 2 Facebook-Nutzer Dai Cultures den Wildwald bei Vosswinkel. Die vier Hochwildarten, die im Wildwald leben, werden es bestätigen. Sie haben ein großes Revier, das durch einen Zaun von den Wildschweinen getrennt ist. Menschliche Besucher können aber überallhin. Die Wege sind gewunden und nicht asphaltiert, und auch bei den Bäumen wird möglichst wenig eingegriffen.

Das Ergebnis: 60 Vogelarten brüten hier, auf 40 Hektar (von insgesamt 680) wächst eine Art Urwald. Manchmal muss man aber sehr genau hinschauen, um die wilden Bewohner auch zu entdecken. »Wir sind kein Zoo«, warnt die Homepage. Der Wildwald legt die Betonung auf »Wild«. Schilder helfen aber bei der Orientierung.

Für einen Tagesbesuch sollte man also schon etwas Zeit mitbringen. Noch besser ist freilich die Variante mit Übernachtung, zum Beispiel auf dem Dachboden des Ziegenstalls (für Gruppen) oder in schwebenden Baumzelten zwischen den Bäumen (für Mutige). Eine etwas luxuriösere Waldnacht hat sich WDR 2 Hörer Christianus gegönnt: »Wir haben zu zweit im Libellenhaus übernachtet. Es war sehr ruhig und chillig. Wir sind am Abend noch durch den Park gelaufen. Das war cool, weil man den Park dann quasi für sich allein hat.« Morgens gibt es einen Frühstückskorb. Die Frage ist allerdings, wie viel man schläft, wenn man die halbe Nacht nach dem Uhu Ausschau hält. Oder nach anderem Getier. Anke aus Dorsten und ihre Tochter waren »etwas ängstlich«.

Christianus hat sich darüber nicht beschwert. Auch nicht über das kleine hölzerne Klohäuschen in der Nähe der Schlafhütte. Auf seinen Fotos sieht das sehr rustikal aus. Für ihn war der einzige Wermutstropfen, dass er nur recht wenige Tiere gesehen hat. Theresia Foschepoth schrieb dazu: »Sei froh! Einer schlecht gelaunten Wildsau willst du auf dem Weg zum Klo nicht begegnen.« (Anmerkung der Redaktion: Frau Foschepoth hat recht.)

Adresse Bellingsen 5, 59757 Arnsberg-Vosswinkel, wildwald.de | **Anfahrt** A 44 bis Kreuz Werl, dann A 445, B 63 durch Wickede und links auf die B 7 | **Öffnungszeiten** April–Okt. täglich 9–17, sonst nur Sa/So bis 15 Uhr, Hunde daheim lassen, Fernglas mitbringen! | **Tipp** Das Feuerwehrmuseum in Arnsberg hat jedes zweite Wochenende geöffnet und bietet jede Menge Anschauungsmaterial für den kleinen Blaulichtfan in uns allen.

5 Der Biggesee

Einst die größte Baustelle Europas

66 Stauseen bietet Nordrhein-Westfalen, so viele wie kein anderes Bundesland. Sie dienen der Stromerzeugung, der Wasserversorgung – und der Naherholung. Der Biggesee, im Sauerland zwischen Attendorn und Olpe gelegen, ist einer der beliebtesten.

Bis in die 1950er Jahre gab es hier ein Tal mit einem Bach. Dann kam die Baustelle. Anfang der 1960er Jahre war sie die größte Europas. Wälder wurden abgeholzt, mehrere Dörfer abgerissen, die Bewohner umgesiedelt. Die 600 Meter lange Staumauer entstand, und dann kam das Wasser: 170 Millionen Kubikmeter. Die WDR Heimatflimmern Redaktion hat einen tollen Film mit viel Archivmaterial über die Geschichte des Sees gedreht.

Während das Wasser das Ruhrgebiet versorgt, strömen andersherum die Touristen aus ganz Nordrhein-Westfalen an den Biggesee. Sie bringen Zelte, Taucheranzüge oder Fahrräder mit – es gibt viel zu erleben. Die 25-Kilometer-Radtour um den See lässt sich durch Brücken abkürzen oder mit Umwegen in die Umgebung erweitern, die Umgebung lädt dazu ein. Seit einigen Jahren gibt es eine neue Attraktion: den Biggeblick. Britta aus Lüdenscheid hat Bilder davon gepostet – und die Wegbeschreibung gleich dazu: »Man startet vom Parkplatz Waldenburger Bucht Campingplatz. Von da sind es 600 Meter den Berg hoch.« Der Biggeblick ist ein Steg mit einer runden Aussichtsplattform. Tagsüber fotografiert man von oben runter, abends knipst man den Steg selbst, dann ist das Gestell farbig beleuchtet.

Nicht weit vom Biggeblick liegt die Ruine Waldenburg, ein halber Turm, an dessen dicken Wänden man zeigen kann, wie stabil bei Ritters gebaut wurde.

Zwischen Attendorn und Sondern schippern (von Ostern bis Oktober) die »Westfalen« und die »Bigge« hin und her. Die beiden weißen Dampfer sind die gemütliche Alternative zum Wander- oder Radprogramm. Kaffee und Kuchen sowie Geschichten über versunkene Dörfer gibt's direkt an Bord.

Adresse Biggeblick: Waldenburger Bucht 11, 57439 Attendorn | **Anfahrt** Biggesee: mit dem RE 16 ab Essen oder Siegen bis Finnentrop, von dort mit dem »Biggesee-Express« nach Attendorn und Olpe | **Tipp** »Blobbing« am Vier-Jahreszeiten-Campingplatz in Sondern: Man liegt auf einem großen Luftkissen und lässt sich hochkatapultieren (bis 15 Meter!), um dann ins Wasser zu klatschen.

6 Die Wisent-Wildnis

Nichtseher-Gutscheine für Keine-Rinder-Finder

Wisente sind urwüchsige Rindviecher. Die größten Landsäugetiere Europas waren auf dem ganzen Kontinent fast ausgerottet. Nur noch in Zoos vegetierten einige Exemplare vor sich hin.

Doch sie wurden nachgezüchtet. Jetzt gibt es wieder wild lebende Wisent-Herden, die man sogar besichtigen kann, eine davon seit 2013 am Rothaarsteig. So ein Tier macht Eindruck: »Unheimlich imposant, wenn das wirklich vor einem steht. Das ist schon imposanter als eine Kuh! Die hatten auch kleine Kälbchen – die Kinder fanden's süß«, erzählt Hörerin Vanessa aus Bonn im WDR 2 Interview. Sie war eine von mehreren, die diesen Ausflug in der Gruppe empfohlen haben.

Eine etwa zehnköpfige Herde lebt in dem weitläufigen Wildgehege bei Bad Berleburg im Wittgensteiner Land. Mit etwas Glück haben Wanderer die Möglichkeit, sie zu beobachten. Das Areal ist 20 Hektar groß, da können sich die braunen Riesen auch mal verstecken. Aber es gibt eine Art Garantie: An der Kasse bekommt man einen »Nichtseher-Gutschein«, wenn man enttäuscht dorthin zurückkommt. Der bietet dann beim nächsten Besuch freien Eintritt.

Der Rundweg ist aber auch ohne Wisent-Sichtung empfehlenswert, das hat WDR 2 getestet. Etwa zwei Stunden brauchte WDR 2 Reporter Michael Treis für die Runde ums Gehege. Der Zaun ist übrigens so zugewachsen, dass er in der Natur kaum auffällt.

Tipp für Familien: der »Pirschweg«, wo Alltagsgegenstände versteckt sind, die die Kinder aufspüren können. Für junge Naturforscher gibt es auch Quizfragen auf kleinen Tafeln am Wegrand. Am Eingang findet sich ein Waldspielplatz für jene, die eigentlich gar nicht wirklich laufen wollen.

Die Wege sind zum großen Teil unbefestigt. Das steigert das Wildnis-Gefühl, ist allerdings nicht kinderwagentauglich. Dafür kann man sich bei Bachdurchquerungen herrlich nasse Füße holen und auf Anstiegen und freiem Feld den inneren Wisent rauslassen.

Adresse Weidiger Weg 100, 57319 Bad Berleburg, wisent-welt.de | **Anfahrt** von Schmallenberg aus via B 236, dann Richtung Jagdhaus, von Bad Berleburg über Aue und Wingeshausen bis zum Parkplatz | **Öffnungszeiten** April–Okt. Di–So 10–17 Uhr, im Winterhalbjahr nur bis 15 Uhr | **Tipp** Bei Erndtebrück-Zinse (20 Kilometer südlich) soll es, schreibt WDR 2 Hörer Michael, ein natürliches Echo geben. Wenn's stimmt, wäre das am Ende des Tales … ales … ales … ales …

7__Die Blaue Lagune

Schöner Gruß vom Zementrevier

Für viele ist dieser See einer der schönsten Plätze in Nordrhein-Westfalen. Dyckerhoffsee wird er genannt, oder ganz prosaisch »Steinbruch West« – aber allgemein bekannt ist der See als die »Blaue Lagune«. Fotos von dort werden oft mit der Frage kommentiert: »Was für einen Filter hast du für dieses Bild benutzt?« Aber die Antwort samt Grinse-Smiley lautet stets: »Kein Filter. Das sieht da wirklich so aus!«

Das Gebiet war früher ein Abbaugebiet für Kalkstein. Schon seit dem Mittelalter wurde in der Region Kalk gebrannt. Im 19. Jahrhundert kam die Eisenbahn, sodass nun im großen Stil Zement auch nach weiter weg verkauft werden konnte. Um 1930 war das Beckumer »Zementrevier« das größte der Welt.

Die Zementindustrie hat in Beckum an vielen Stellen Spuren hinterlassen. Nicht alle sind so hübsch wie die renaturierte Kalkgrube im Nordwesten der Stadt. Das Wasser in dem ehemaligen Steinbruch schimmert türkis, der helle Boden mit der spärlichen Vegetation verstärkt den optischen Eindruck.

Das zieht nicht nur Selfiekünstlerinnen und Landschaftsknipser an, sondern auch Picknicker und Wasserratten. Immer mehr Menschen strömten in den letzten Jahren vor allem an heißen Tagen zur Blauen Lagune. Dafür ist allerdings weder die Natur noch die Infrastruktur geeignet. Es gibt keine Parkplätze und auch keine Toiletten. Zugeparkte Anwohnerstraßen und herumliegender Müll gingen den Beckumern auf die Nerven, im Sommer 2020 beschloss der Rat der Stadt: Der »Aufenthalt im Seebereich des Landschaftssees und dessen Gemeingebrauch« seien von Anfang April bis Ende Oktober verboten. Zu Deutsch: nix mehr mit Baden, Zelten und Grillen in der Blauen Lagune.

Weiter erlaubt ist die Benutzung der Wege. Radfahren, spazieren und schauen darf man also noch. Der schöne Effekt für Besucher: Mit weniger Menschen im Bild ist die Blaue Lagune noch reizvoller.

Adresse nordwestlich von Beckum, nahe der L 794 | Anfahrt per Rad: Werseradweg oder Zementroute von Beckum aus. Das Auto kann man am Jahnstadion oder an der Kirche St. Martin loswerden. | Tipp von WDR 2 Hörerin Petra aus Beckum: »Wer unbedingt in einem Baggersee baden möchte, kann das Freizeitareal Tuttenbrock inklusive Wakeboard-anlage nutzen, wo es auch Sanitäranlagen und Gastronomie gibt. Dort ist es wunderschön!«

8 Das Schloss Moyland

Beuys-Fan-Girls, Blumenfreunde, Schlossromantiker

»Es ist wahrhaft das schönste Schloss in NRW«, findet Arzu Banu, die bei ihrem Besuch spontan beschlossen hat, hier ein Jahr später zu heiraten. Nicht immer war Schloss Moyland so hübsch. Nachdem es im Zweiten Weltkrieg schwer beschädigt wurde, fiel es in einen Dornröschenschlaf, aus dem es erst in den 1990er Jahren aufgeweckt wurde. Eine Restauration machte das neugotische Schmuckstück wieder präsentabel, 1997 wurde neu eröffnet, als Parkanlage und Museum mit Schwerpunkt zeitgenössische Kunst und Joseph Beuys. Über Beuys entbrennen nun leidenschaftlichere Diskussionen als über die Schönheit des Schlosses. Vorsichtig formulierte jemand: »Aber die Kunst muss man schon mögen …«, während WDR 2 Hörerin Astrid bekennt: »Durch Moyland bin ich ein Beuys-Fan!«

Andere verdammen moderne Kunst generell. Denen sei gesagt: Kommt montags, dann ist das Museum geschlossen, und man kann sich ganz dem Park widmen. (Allergikerhinweis: Auch der Park kann Spuren von Kunst enthalten!)

Stefanie empfiehlt: »Der Kräutergarten ist wundervoll.« Viele Arten von Heil-, Duft-, Küchen- und sonstigen Kräutern wachsen hier. Es gibt dazu auch Führungen. Hobbygärtnerherzen gehen spätestens auf bei den über 500 Sorten von Hortensien, die auf Moyland gedeihen. In der Adventszeit kommt noch ein guter Grund für einen Besuch hinzu: der wunderschöne Weihnachtsmarkt, wo man Handgemachtes von Kunsthandwerkern bestaunen und erwerben kann. Er dauert jedes Jahr nur ein paar Tage und kostet Eintritt, dafür ist die Atmosphäre besonders schön. »Mein Lieblings-Weihnachtsmarkt«, schwärmt Angela aus Herne, und sie ist nicht die Einzige. Die glitzernden Buden, das beleuchtete Schloss als Hintergrund … Schnee wäre noch schön, aber man kann nicht alles haben am Niederrhein. Es gilt die Moyland-Empfehlung: »Für Blumenfreunde, Kunstliebhaber und Schlossromantiker.«

Adresse Am Schloß 4, 47551 Bedburg-Hau | Anfahrt A3 Ausfahrt Rees, A57 Ausfahrt Goch, oder ab Kleve/Xanten mit Buslinie 44 | Öffnungszeiten 11–18 Uhr, im Winter bis 17 Uhr (Museum montags zu), kein Zutritt zum Park für Hunde! | Tipp Orchideen Holm, gleich um die Ecke, hat 250 Orchideenarten im Angebot, es gibt auch Führungen für Gruppen.

9__Das Rosengart-Museum

Die Passion des Monsieur Bonk

Die Automarke Rosengart ist bei uns weitgehend unbekannt, obwohl die französische Firma ganz schnucklige Fahrzeuge herstellte. Ab 1928 baute Lucien Rosengart in Paris mit einer Lizenz von Austin zunächst Kleinwagen und hatte damit großen Erfolg. Insgesamt 60.000 Wagen verließen die Fabrik. Nach dem Krieg versuchte er sich auch an eleganteren Designs, konnte dann aber nicht mehr mit den großen Autofabriken konkurrieren.

Karl-Heinz Bonk hatte erst nur eines der kleinen Automobile. Und dann … dann hat es ihn irgendwie gepackt. In einem Interview mit WDR 2 erzählte er: »Ich wollte ja nie ein Museum haben, aber es wurde dann so schlimm, dann war die eine Scheune voll bei dem Bauern, dann die zweite, dann die dritte. Und überall musste ich Miete bezahlen. Jetzt haben wir das unter einen Hut gebracht und dem Publikum zugänglich gemacht, jetzt kommen ein paar Mark rein, viel ist es nicht, aber wenigstens ist die Miete nicht mehr ganz so teuer.«

Und nun steht eben in Bedburg-Rath die größte Rosengart-Sammlung der Welt. Nicht nur Autos: Irgendwie ist Herr Bonk an das Werksarchiv gekommen. Er hat Dokumente aus der gesamten Geschichte der Firma. Fahrrad-Motoren, Lampen, Entwürfe, Plakate. Lucien Rosengart hat gemalt – die Gemälde sind da. Dazu kommen jede Menge Geschichten. Zum Beispiel, wie Bonk mal einen 2CV (die »Ente«) als Tauschobjekt für einen alten Rosengart einsetzte, nachdem er den Besitzer von den Vorteilen solch eines »modernen Autos« überzeugt hatte. Oder die Story vom Praktikanten in der Rosengart-Designabteilung, der später sehr bekannt wurde – sein Name war Luigi Colani.

An schönen Wochenenden sitzen meist einige Fahrer alter Autos im Biergarten vor dem Museum, die Atmosphäre ist familiär, die Preisgestaltung freundlich. WDR 2 Hörer Kurt-Dieter fasst auf Facebook zusammen: »Ein kleines, aber feines Museum für Autoliebhaber.«

Adresse Friedensstraße 52, 50181 Bedburg-Rath, rosengart-museum.de | **Anfahrt** ab Bergheim oder Neuss über die B 477, nördlich des Kraftwerks Niederaußem abbiegen und den Schildern »Automuseum« folgen | **Öffnungszeiten** März – Nov. Sa / So, feiertags 9 – 18 Uhr | **Tipp** Auf dem Weg in Rommerskirchen (direkt an der B 59) bei Vinhoteca Centro portugiesische Leckereien und Kuchen probieren!

10 Das Bergwerk Ramsbeck

Überhitzte Börse, kühler Stollen

Blei und Silber bauten die Menschen hier schon vor tausend Jahren ab. Einen Boom (mit direkt folgendem Crash) gab es im Bestwiger Revier im Hochsauerland ab 1850, als Zink in großem Maßstab aus dem Berg geholt werden sollte. Es ging zu wie beim Goldrausch in Amerika, die Gegend bekam den Beinamen »Sauerländisches Kalifornien«, Aktien wurden gehandelt … bis nach nicht mal fünf Jahren die Blase platzte. Die ganze Geschichte bis zur Schließung 1974 kann man sich im Besucherbergwerk erarbeiten. Das ist wörtlich gemeint: Wer in den Stollen einfährt, bekommt eine Arbeitsjacke angepasst, dann geht es mit großem Lärm auf der Grubenbahn mehrere hundert Meter tief in den Berg. Bei dem Gerappel und der Vorstellung, dass man nun Tonnen von Fels über dem Kopf hat, ist man gefühlsmäßig schon mehr dabei als einfach im Museum.

Drinnen ist es 12 °C kühl. Jacke und feste Schuhe sind angesagt. Ma-an Fran fand's gut: »Eine richtig familiäre Atmosphäre und nicht so überfüllt wie der große Bruder in Bochum«, und von WDR 2 Hörerin Mareen kommt noch ein besonderer Tipp: »Klasse dort ist auch das Dinner unter Tage! Ein echtes Erlebnis.« Ein rustikales Drei-Gänge-Schlemmermenü steht beim Gruben-Light-Dinner auf den Tischen, als Deko dienen alte Originalwerkzeuge und Erzbrocken, die Musik ist ebenfalls passend.

Auch für Kinder ist ein Bergwerksbesuch sehr gut geeignet, schreibt WDR 2 Hörerin Judith. Sie erwähnt bei WDR 2 Raus in den Westen auch den Bergbauwanderweg. Der beginnt am Besucherbergwerk und führt an vielen Abbaustationen vorbei. Auf Tafeln gibt es Infos zum jeweiligen Ort. »Circa zehn Kilometer, bergauf, bergab. Sauerland halt, woll!«, wie Bärbel aus Niederense trocken bilanziert.

(Gern in der Gruppe: Trockene Sprüche als Ersatz für schönes Wetter … J. M.: »Sie kennen den Unterschied zwischen Sommer und Winter im Sauerland?« – T. H.: »Im Sommer sind die Pfützen nicht zugefroren!«)

Adresse Glück-Auf-Straße 3, 59909 Bestwig-Ramsbeck, besucherbergwerk.eu | Anfahrt A 46 bis Bestwig, im Ort auf L 776; ÖPNV: per Bus aus Bestwig | Öffnungszeiten Di–So 9–17 Uhr (letzte Einfahrt 16 Uhr, Oster- und Pfingstmontag geöffnet) | Tipp Nordrhein-Westfalens größter Wasserfall, die Plästerlegge, ist nur eine entschlossene Wandertour weit entfernt. Besonders schön ist er im Winter – gefroren.

11 Der Weser-Skywalk

Panoramablick im Dreiländereck

Die Hannoverschen Klippen sind fast hundert Meter hoch und ragen eindrucksvoll rechts der Weser aus dem Wasser. Auf einer der Klippen befindet sich seit zehn Jahren ein Steg ins Bodenlose mit einem perfekten Überblick über Fluss und Landschaft. WDR 2 Hörer Dirk: »Mein Tipp für das Wochenende: den Weser-Skywalk besuchen.« – Chanti Re: »Auf jeden Fall sehr sehenswert.«

Das war der einfache Teil. Nur: Ist das jetzt noch Ostwestfalen, Niedersachsen oder Hessen? Und mit welcher Stadt als Suchbegriff finde ich den Weser-Skywalk in der WDR 2 Facebook-Gruppe? Das ist schon verzwickter, wahrscheinlich kommt's darauf an, von wo man guckt. Der Skywalk liegt auf dem Gebiet von Würgassen, einem Ortsteil von Beverungen im Kreis Höxter in Nordrhein-Westfalen. (Der Schießstand der örtlichen Schützenbruderschaft liegt übrigens genau auf der Grenze, sodass die Schützen von Nordrhein-Westfalen aus nach Niedersachsen schießen.)

Der Parkplatz des Skywalks liegt in Niedersachsen. Und wer mit dem Zug anreist, landet am Bahnhof Karlshafen – der befindet sich in Hessen. Von dort ist der Fußweg am kürzesten (500 Meter). Eigentlich ist es aber auch egal, denn wenn man im Dreiländereck wandert oder Rad fährt, bemerkt man sowieso keine Grenzen. Touren und Ziele gibt es eine Menge: Der »Diemeltaler Schmetterlingssteig« ist ein Wanderweg mit einer Menge Natur, die kleine Stadt Bad Karlshafen bietet viel Barock und ein Thermalbad, und der sicherlich schönste Weg von Höxter aus führt über den Weser-Radweg: 25 Kilometer am Wasser entlang, die sich problemlos in beide Richtungen verlängern lassen. Zwischen Würgassen und Herstelle verkehrt eine kleine Fähre für Radler und Fußgänger. Wanderziel von hier aus: die Abtei vom Heiligen Kreuz mit einem Klosterladen, der auch eine Tasse Kaffee im Angebot hat.

(Nachschlag zum Thema Ländergrenzen: Bis Thüringen sind es auch nur 45 Kilometer!)

Adresse Parkplatz Skywalk, Am Friedenstal, 34385 Bad Karlshafen | Anfahrt von Höxter B 64/B 83 bis Lauenförde, dann L 550 zum Skywalk; Bahn: RB 85 aus Paderborn; Radweg: weserradweg-info.de | Tipp In Herstelle gibt es einen Papageienhof, wo man nicht nur Papageien anschauen, sondern auch seinen eigenen Vogel zum Sprechkurs anmelden kann!

12 Die Toskana in der Eifel

Il Ginepro è in fiore!

»In der Eifel stehen die Zypressen des Nordens«, melden die Filmemacher von WDR Heimatflimmern (ein Blick in die Mediathek lohnt sich). Gemeint sind die Wacholderbüsche am Kalvarienberg bei Blankenheim in der Eifel. Schafe halten den Unterwuchs auf den kargen Böden klein, sodass der Wacholder ungestört gedeiht. Das ergibt, zusammen mit den sanft ansteigenden Hügeln, einen Anblick, für den man sonst 1.200 Kilometer Auto fahren müsste. Die Landschaft ist weit und offen – ein Wandertag zum Durchschnaufen und um sich wie in der Toskana zu fühlen. Das fand auch WDR 2 Wanderexperte Fabian Raphael. Caffè und Gelato muss man sich eben dazudenken.

Die Wanderwege in der Region sind in den letzten Jahren komplett entrümpelt und neu beschildert worden. 30.000 frisch angeklebte Wegezeichen helfen dabei, die 94 Eifelschleifen und 18 Eifelspuren zu entdecken. Von den 1.100 Kilometern sind 15 der Toskana der Eifel gewidmet, ein »wunderschöner Weg, gut beschildert«, wie WDR 2 Hörer Tom aus Essen meldet. Die Toskana-Eifelspur startet in Blankenheim-Ripsdorf und führt zunächst auf den Kalvarienberg. Nebenbei gelernt: Kalvarienberge gibt es in verschiedenen Ländern, auch in Italien. Es sind immer Anhöhen, auf denen mit Skulpturen das Leiden Christi gezeigt wird, bis hin zum Gipfelkreuz.

Nach dem Abstieg vom Berg, in Alendorf, bietet sich das Café Stübchen für eine Rast an. Dann geht es hoch auf den Eierberg und weiter durch den Naturpark Hohes Venn, in einem weiten Bogen wieder nach Ripsdorf. Wenn man das Ganze bei gutem Sommerwetter probiert, kann man sich wirklich fühlen wie in Italien. Schön ist es aber auch bei usseligem Eifelwetter, und Regen ist nun mal wichtig für die Natur. So oder so lohnt der Weg offenbar: Frank aus Düren hat sein Fotoalbum jedenfalls mit dem Hashtag #eifelsüchtig gekennzeichnet.

»Il Ginepro è in fiore« heißt übrigens: Der Wacholder blüht!

Adresse Parkplatz an der Tränkgasse, 53945 Blankenheim-Ripsdorf; Tourbeschreibung: 328 Höhenmeter auf 15 Kilometern. Mehr: eifelspuren.de | Anfahrt Im Sommer fährt der Wanderbus 770 ab Köln mit Halt in Ripsdorf. | Tipp Ab und zu wird am Kalvarienberg Alphorn gespielt. Termine im Netz mit dem Suchbegriff »Eifeler Alphornissen«.

13 Die Bocholter Aa

Fluss mit A … und einem a

Aa ist der Name mehrerer Flüsse in Nordrhein-Westfalen. Damit man sie auseinanderhalten kann, bekommen sie jeweils einen Beinamen – hier geht's um die Bocholter Aa. Sie fließt gut 50 Kilometer weit durchs Westmünsterland, von Velen bis zur Mündung in die Oude Ijssel. Kein Riesenfluss, aber für eine Radtour absolut perfekt!

Der Radweg »Bocholter Aa« ist 58 Kilometer lang und erschließt das Gebiet. Er beginnt in Velen, durchläuft Ramsdorf und Borken, streift Rhede und führt dann am Aasee entlang hinein nach Bocholt. Von hier sind es noch zwölf Kilometer bis Dinxperlo an der holländischen Grenze, plus fünf nach Anholt. Dort gibt es zur Belohnung ein prächtiges Wasserschloss zum Anschauen. Das ist kein Rundkurs, aber außer diesem Radweg existieren in der Gegend noch einige andere Radrouten. Man kann daher entweder schauen, wann der Bus kommt (es gibt »Fietsenbusse« mit Anhänger, die müde Radler samt Drahtesel einsammeln), oder auf den Isselradweg, die 100-Schlösser-Route, die NiederRheinroute oder, oder, oder … abbiegen.

Wer sich auf dem Rad nicht so recht wohlfühlt und lieber direkt auf dem Wasser sein möchte, für den hat WDR 2 Raus in den Westen noch einen anderen Vorschlag: »Kanutour im schönen Münsterland auf der Bocholter Aa von Bocholt Biketown bis Suderwick Hotel-Restaurant Brüggenhütte mit Picknick an der neuen Fischtreppe in Spork und weiter durch die Green Canyons bei Eisenhütte Spork.« WDR 2 Hörerin Rosi aus Bocholt hat beim Paddeln dort sogar Wasserschildkröten fotografiert, die sich am Ufer sonnten! Kanus kann man zum Beispiel in Bocholt leihen. Für Paddler hat die Bocholter Aa ein paar eingebaute Hindernisse. Das macht es interessanter, war aber nicht immer so: Das Flüsschen wurde einst begradigt und ausgebaut. Erst vor einigen Jahren hat man die Aa wieder etwas renaturiert, sodass auch Pflanzen und Tiere jetzt wieder zurückkommen.

Adresse Tourbeschreibung: Start: Velen. Ziel: Anholt. Karte als PDF auf bocholt.de, Stichwort »Tourismus« | Anfahrt Fietsenbusse Sa / So von Mai – Okt.: Linie R 51 von Coesfeld über Velen bis Bocholt, Linie RVN 61 von Bocholt über Isselburg bis Rees | Tipp In Bocholt, in der Nähe der Aa, gibt es ein Handwerksmuseum (links) und ein Textilmuseum (rechts des Flusses).

14 Der Chinesische Garten

Qian Yuan und das Urproblem aller Geheimtipps

Es gibt Architekten, die loben die Bochumer Ruhr-Universität: Der Bau sei sachlich, verzichte auf Pathos, und »die Materialien Stahl, Beton und Glas vermittelten in der Erbauungszeit das Bild von Modernität«. Die viele Sachlichkeit und der viele Beton sind aber anstrengend für die, die hier arbeiten und studieren. Da trifft es sich gut, dass es ganz in der Nähe eine Oase der Ruhe gibt, in der die Augen sich von der Modernität der 1960er Jahre erholen können.

Der Chinesische Garten, Teil des Botanischen Gartens, begeistert viele. »Der ist schön«, schrieb jemand, »die eine oder andere Vorlesung wurde deshalb verpasst, weil ich dort herumgetrödelt habe.« WDR 2 Hörerin Mareen schwärmt: »Einfach herrlich, kostenlos, es gibt immer was Neues zu entdecken.«

Der Chinesische Garten wurde nicht einfach vom Bochumer Gartenbauamt zusammengekloppt, sondern ist ein Geschenk aus Shanghai. Experten aus China haben »Qians Garten« entworfen, nach literarischer Inspiration: Die Geschichte vom Pfirsichblütenquell, die dem Konzept des Gartens zugrunde liegt, ist die eines Fischers, der einen versteckten paradiesischen Ort entdeckt – und das dann rumerzählt. Das ist ja nun quasi das Urproblem aller Geheimtipps, aufgeschrieben von einem Dichter namens Tao Qian, der im China das fünften Jahrhunderts gelebt hat. Wer wissen will, wie die Geschichte ausgeht, findet das Pfirsichblütenquell-Gedicht im Internet.

Erbaut wurde der Chinesische Garten 1990. Zehn Jahre später musste er grundlegend renoviert werden, weil die Holzkonstruktion feucht wurde und kaputtging. Ein Förderverein kümmert sich seither um die Instandhaltung. Tipp für Hundehalter von Manuela aus Sprockhövel: »Wenn man am unteren Ende, Richtung Kemnade, den Park verlässt, kommt man an einen kleinen Tümpel, wo Hunde im Wasser spielen können. Man kann auch eine schöne Runde laufen, zur Kemnade und zurück.«

Adresse Universitätsstraße 150, 44801 Bochum (unterhalb der Uni-Mensa), www.rub.de/cgev | **Anfahrt** U 35, Haltestelle Ruhr-Universität, elf Minuten ab Bochum Hauptbahnhof | **Öffnungszeiten** 10–18 Uhr, im Winterhalbjahr nur bis 16 Uhr | **Tipp** Den Kemnader See kann man auf einem ausgebauten und beleuchteten Weg mit Inlineskates umrunden (neun Kilometer).

15 Das Melbtal

Der Urwald

»Direkt südlich von Bonn-Poppelsdorf ...« – so kann doch kein Text anfangen, der sich um Wildnis, Natur und ein Gefühl von Urwald-Einsamkeit dreht? Doch!

Also: Direkt südlich von Bonn-Poppelsdorf liegt eine Wandertour, die Udo Cleven der »Raus in den Westen«-Gruppe vorgeschlagen hat, und sie führt durch den Dschungel! Das war sein Text: »Wer nicht glaubt, dass es quasi mitten in Bonn einen Urwald gibt, sollte mal meine heutige Strecke rund um den Venusberg nachwandern. Als Ausgangspunkt bietet sich die Waldau an, einen Parkplatz gibt es direkt am Haus der Natur.«

Udo empfiehlt das nahe gelegene Wildgehege für Kinder, dann kommt er zur eigentlichen Attraktion: »Die findet man, wenn man in nördliche Richtung wandert und hinter einem kleinen Wohngebiet das malerisch schöne Melbtal erreicht. Hier plätschert der kleine Engelsbach durch ein urwaldartiges Waldgebiet mit unheimlich viel Bruch- und Totholz. So hat man, während man einem teils winzigen Pfad folgt, auch häufig über umgefallene Baumstämme zu klettern. Nach sieben Kilometern kündigt ein weiteres Wohngebiet an, dass man sich dem nördlichsten Punkt der Route nähert. Schon nach wenigen Minuten taucht man aber wieder in den Wald ein, der zunächst noch ebenso wild wirkt wie das Melbtal. Insgesamt aber kommt man auf der östlichen Seite des Venusbergs besser voran und gelangt, nach der historischen Meridianmarke, dem Kaiser-Wilhelm-Denkmal und einem alten, wild zugewachsenen Sportplatz, auf einen gut begehbaren Wanderweg, der zurück bis zur Waldau führt. Eine 13 Kilometer lange, äußerst eindrucksvolle und naturgewaltige Runde!«

Barrierefrei ist diese Strecke nicht. Schilder weisen darauf hin, dass Äste herunterbrechen oder Pfade unwegsam sein könnten. Dafür bietet sie ein tolles Naturerlebnis – und am Endpunkt Waldau eine bequeme Gaststätte mit allem Großstadtkomfort, um sich vom Urwald zu erholen.

Adresse Parkplatz An der Waldau, 53127 Bonn | Anfahrt Buslinie 602 ab Bonn Hauptbahnhof, Haltestelle Waldau | Tipp von WDR 2 Hörerin Gardy aus Bonn für Geocacher: »Hier liegt ein Multi aus Dezember 2004. Wenn ihr dem folgt, habt ihr ein tolles Erlebnis. Circa sechs Kilometer.« Mehr Infos liefert eine Internetsuche nach »Melbtal Geocache«.

16__Drei Freizeitparks

Von Triple Launch bis Schacht Dreizehn

Es gibt den einen bekannten Freizeitpark in Bottrop: den Movie Park in Kirchhellen. Immer mit Blick auf Hollywood kann man hier locker einen ganzen Tag mit den verschiedensten Attraktionen verbringen, vom Café und 4-D-Kino bis zur Achterbahn … Achterbahn? Bis zum »intergalaktischen Triple-Launch-Coaster ›Star Trek: Operation Enterprise‹ mit Warpgeschwindigkeit«!

Aber das ist nicht die einzige Fun-Adresse in der Gegend. Weniger bekannt, aber ebenfalls wärmstens empfohlen und direkt um die Ecke vom Movie Park liegt der Freizeitpark Schloss Beck. Claudia aus Recklinghausen findet: »Ist zwar ein in die Jahre gekommener kleiner Freizeitpark, aber die Kids stören sich da nicht dran!« Das wirklich Einzigartige: Dieser Retro-Freizeitpark ist so retro, dass er auch schon vor langer Zeit retro war! WDR 2 Hörerin Silke kommentiert: »War schon vor 20 Jahren in die Jahre gekommen, hatte aber damals schon seinen ganz besonderen Charme.« Es gibt Dinge wie Schiffschaukeln zum Selbst-Schwingen, ein Kinder-Riesenrad oder eine Wellenrutsche. Alles eine Nummer gemütlicher und erheblich preiswerter als andere Parks. Anscheinend ist auch an der Kasse irgendwann die Zeit stehen geblieben.

Und dann stand da noch Sandras Frage im Netz: »Guten Morgen zusammen, war jemand schon mal bei diesem Grusel-Dings in Bottrop?« Zunächst herrschte Ratlosigkeit, bis jemand einen Link zum »Grusellabyrinth« postete. Das liegt am Malakoffturm der alten Zeche Prosper II, südlich vom Tetraeder. Dort gibt es verschiedene Gruselwelten, teilweise mit Schauspielern, die für Alpträume nach dem Besuch gut sind. Selfie mit Sensenmann? Kein Problem! An Halloween ist natürlich die Hölle los – aber auch sonst.

Die bange Frage: »Ist das was für Kinder?« Die Antwort: Kommt auf die Kinder an. Die einen fanden es ab sieben Jahren okay, aber es schrieb auch jemand: »Mein Sohn ist 20, und wir waren nicht überall drin!«

Adresse Movie Park Germany, Warner Allee 1, 46244 Bottrop-Kirchhellen (movieparkgermany.de); Freizeitpark Schloss Beck, Am Dornbusch 39, 46244 Bottrop (schloss-beck.de); Grusellabyrinth NRW, Knappenstraße 36, 46238 Bottrop (grusellabyrinth.de) | Tipp Der 30 Meter hohe Malakoffturm mit der Förderanlage von Prosper II (gegenüber der Grusel-Location) kann im Rahmen von Führungen besichtigt werden.

17_Die Emscher-Ruhr-Radtour

Von Sabine Heinrich,
WDR 2 Morgenmagazin Moderatorin

Kurz nach dem Start in Duisburg: Ein Typ mit einem E-Moped guckt auf mein Analog-Rad mit Körbchen: »Willste dich eben dranhängn?« – »Frach heute nammittach noch mal, hab gerade erst angefangn« – »Aaaskla, gute Fahrt«, weg ist er. Ja. Heimat. Landschaftspark Nord, ich biege auf den »Grünen Pfad« ab. Das ist Radeln wie auf der Autobahn. So geht es Richtung Oberhausen – ich habe kein Navi am Lenker und radle nach Zahlen. Haut super hin, die Strecke ist gut ausgeschildert. Noch bevor der nächste Wegweiser kommt, rieche ich, dass ich gleich nach rechts abbiegen muss. Die Emscher sieht nicht mehr so aus wie in den 1980er Jahren … aber der besondere »Duft« ist eben ein Markenzeichen der Köttelbecke. Am Rhein-Herne-Kanal einmal über den Regenbogen, durch die Spiralen der »Slinky Springs to Fame«, die fancy Brücke über den Kanal. Sie wackelt etwas – aber hält. Ich bin verliebt! Von Weitem sehe ich mein nächstes Ziel. Wie fit die Beinchen dann werden! Tetraeder. Haldenstolz! Ich will da hoch. Wir schieben, oben höre ich mich sagen: Wer das nicht schön findet, dem kann ich nicht helfen. Atmen, gucken, gerührt sein. In alle Richtungen Ruhrgebiet. Mehr Pott geht nicht. Weiter Richtung Essen entdecke ich ein Schild im Gebüsch: »Ich danke Sie« – Mooooment! Ente Lippens? Tatsächlich. Hier ist seine Ranch – die Eisentore mit Enten-Logo stehen offen.

Noch ein paar Kilometer durch eine Zechensiedlung, wie ich sie aus meiner Kindheit kenne. Ich rechne fest damit, dass ich gleich auf eine Gang treffe, in der ich selbst mal war. Mit aufgeschlagenen Knien und Ball unterm Arm. An Köln, Job, Schreibtisch habe ich seit Stunden nicht gedacht. Ja, der Popo tut weh, aber die Zieleinfahrt auf Zeche Zollverein erlebe ich wie auf einem E-Bike: ohne Anstrengung.

Adresse Slinky Springs-Brücke, Konrad-Adenauer-Allee 46, 46049 Oberhausen; Tetraeder, Beckstraße 92, 46238 Bottrop; Lippens »Mitten im Pott«, Gungstraße 198, 46238 Bottrop; Zeche Zollverein, Gelsenkirchener Straße 181, 45309 Essen | **Anfahrt** bis Duisburg Hauptbahnhof, Fahrradmitnahme je nach Zugtyp. Nahe Zeche Zollverein ist der Bahnhof Essen-Altenessen | **Tipp** Am Rhein-Herne-Kanal gibt es einen tanzenden Strommast – den Zauberlehrling.

18 Das Kyrill-Tor

Alles platt!

Am Nachmittag des 18. Januar 2007 brach Sturm Kyrill über Deutschland herein. Er kam nicht ganz überraschend, aber er kam mit Macht. Hier Ausschnitte aus WDR-Reportagen von jenem Donnerstag und dem Tag danach: »Orkanartige Böen mit teilweise 150 Stundenkilometern fegen über den Kahlen Asten.« … »Die Straßen werden nicht mehr geräumt, sondern von Straßenmeistereien gesperrt.« … »Die Notrufe kamen teilweise im Sekundentakt.« … »Flächendeckend fahren keine Züge, das hat es noch nie gegeben.« … »Die A 45 war zeitweise wegen umgestürzter Lkws über weite Abschnitte nicht befahrbar.« … »Auch 24 Stunden später sitzen noch Bahnreisende fest.« … »Um unsere Forsthäuser herum gibt es keinen Wald mehr, es ist alles platt, eine Riesenkatastrophe.«

Über 20.000 Einsätze zählte die Feuerwehr allein in Nordrhein-Westfalen, der Landesumweltminister rechnete später in einer ersten Schadensbilanz vor, dass 16 Millionen Festmeter Holz »zu Boden gekommen« seien, 14 davon in Südwestfalen. An diese Tage und den Anblick danach erinnert das Kyrill-Tor, das am Ortseingang von Brilon-Petersborn im Hochsauerland steht. Die 14 kreuz und quer aneinanderlehnenden Stämme sehen aus wie hingeworfen, stehen aber stabil.

Es ist übrigens schon der zweite Versuch. Das erste Tor – aus Fichten – wurde nach einigen Jahren baufällig. 2018 war die neue Version fertig, diesmal aus Douglasien. Die sollten länger halten. Die falschen Bäume … das ist ja auch ein Problem unserer Wälder im Klimawandel. Deswegen beginnt hinter dem Tor auch ein ganz spezieller Waldspaziergang: durch den »Bürgerwald«. Ein Verein kümmert sich um diesen Wald, der nicht nur zum Wandern gedacht ist, sondern auch als nachhaltige Brennholzquelle dient. 30 Arten Bäume wurden von Freiwilligen gepflanzt, auf dem ganzen, nach Kyrill völlig kahlen Hang entsteht jetzt eine »Waldgesellschaft« – und eben keine anfällige Fichten-Monokultur mehr.

Adresse Petersborn 1, 59929 Brilon | **Anfahrt** A 46 / B 480 bis Brilon, am Kreisverkehr rechts und über die Hoppecker Straße nach Gudenhagen-Petersborn | **Tipp** Die zeltförmige Kirche St. Michael in Gudenhagen ist ein schönes Beispiel für die eigenwillige Kirchenarchitektur der späten 1960er Jahre.

19__Ausflug nach Niedersachsen

Das Original vom Glückskönigreich

Bückeburg gehört nicht zu Nordrhein-Westfalen. Aber nehmen wir an, wir sind in Porta Westfalica in Ostwestfalen ein bisschen gewandert (Christianes Tipp: Wanderung rund um das Kaiser-Wilhelm-Denkmal), dann ist es nur noch ein Hüpfer bis zur Grenze nach Niedersachsen. Raus aus dem Westen, rein ins Hubschraubermuseum, das einzige der Welt! WDR 2 Hörer Michael hat den Tipp gegeben, zu sehen sind 50 Drehflügler und viele Modelle. Ein Eldorado für Helifreunde, und falls jemand Heimweh bekommt: »Nach NRW sind es nur 20 Meter«, schreibt Michael.

Das Bückeburger Schloss ist die nächste Attraktion. Das gibt es sogar zweimal. Hier und in einem japanischen Freizeitpark mit dem wunderbaren Namen »Glückskönigreich«! Es wurde dort 1989 nachgebaut, inzwischen ist der Park aber pleite und die Kopie fast zugewuchert. Heute streifen zwar noch abenteuerlustige Lost-Places-Fotografen durch das Gelände. … aber dafür raus in den Fernen Osten? Obihiro ist ziemlich weit weg für einen Tagesausflug. Schauen wir uns lieber das niedersächsische Original an: Weserrenaissance, die Ursprünge gehen 700 Jahre zurück, seit Jahrhunderten im Besitz der Familie zu Schaumburg-Lippe. Seit 1925 dürfen wir Bürgerlichen auch hinein – zum Besichtigen. Bewohnt wird das Schloss nach wie vor von der Fürstenfamilie. Blickfang im Park ist das 40 Meter hohe Mausoleum der Schaumburg'schen. Wenn möglich, sollte man reinschauen. Die Kuppel ist ein 500-Quadratmeter-Goldmosaik! Außerdem nur in Bückeburg: die Fürstliche Hofreitschule. Mit Glück erwischt man ein öffentliches Training mit »allen acht noch existenten Barock-Pferderassen« (Quelle: NDR). Und hier ist noch was zum Aufregen: Alexander Fürst zu Schaumburg-Lippe behauptete in einem Interview mit der Bild-Zeitung, in seiner Schlossküche sei 1946 die Currywurst erfunden worden. Das wissen wir im Westen aber besser, oder?

Adresse Hubschraubermuseum, Sablé-Platz 6, 31675 Bückeburg | Öffnungszeiten Hubschraubermuseum 10–17 Uhr, Schlossführungen auf schloss-bueckeburg.de, Mausoleum Sa/So 11.30–17.30 Uhr | Tipp Das Besucherbergwerk Kleinenbremen liegt direkt südlich von Bückeburg in Nordrhein-Westfalen. Eine Eisenerzgrube bietet Einblicke unter Tage.

20 Die Wewelsburg

Eine dreieckige Jugendherberge mit eigenem Museum

Südwestlich von Paderborn in Ostwestfalen thront auf einem Bergsporn eine über 400 Jahre alte Burg, die man von der A 44 aus sehen kann. Es ist die Wewelsburg, und sie ist ziemlich einmalig, weil dreieckig. »Unbedingt einen Besuch wert«, meint Susanne. Das stimmt, nicht nur wegen der Dreiecksform. Zum einen ist in der Burg eine Jugendherberge mit fast 50 Zimmern und einem großen Lern- und Freizeitangebot (WDR 2 Hörer Roland hat's getestet: »Sehr empfehlenswert!«). Zum anderen sitzt in den alten Mauern das Kreismuseum mit einer historischen Ausstellung, regelmäßigen Veranstaltungen und einer Erinnerungsstätte zur NS-Vergangenheit des Ortes.

Zeit spielt im Museum eine große Rolle: wie sie in unterschiedlichen Jahrhunderten erlebt wurde, wie wichtig religiöse Termine und Jahreszeiten waren – und in welcher Geschwindigkeit wir heute ticken. Passend dazu die Kommentare von Claudia: »Es lohnt sich, mehr Zeit dort zu verbringen« – oder Maria: »Ich war 1972 dort, mit meiner Klasse. Ich war 14 Jahre alt.« Offenbar eine ganz eigene Zeitreise.

Natürlich soll auch die dunkle Zeit der Wewelsburg nicht unter den Tisch fallen. Die Nazis wollten die Burg zur SS-Kultstätte ausbauen. Nicht selbst, sie ließen Zwangsarbeiter schuften. Sie planten die Burg gigantomanisch um, zusätzlich sollten in einem 600-Meter-Radius Wälle und Gebäude entstehen. Als 1945 die Front näher rückte, flohen die SS-Männer. Vorher versuchten sie allerdings noch, die Burg niederzubrennen. Heutzutage tauchen ab und zu finstere Gestalten auf, um an den Hitlerkult anzuknüpfen – denen spuckt die Museumsleitung aber kräftig in die Suppe: Eine Dauerausstellung »Ideologie und Terror der SS« klärt handfest über die Zeit des Nationalsozialismus auf, über einem zackigen alten Bodenbild liegen gemütliche Sitzsäcke … die Wewelsburg ist heute ein guter Ort, um kein Nazi zu werden.

Adresse Burgwall 19, 33142 Büren (E-Bike-Ladestation vorhanden) | **Anfahrt** A 44 bis Ausfahrt Büren oder Schnellbus S 61 ab Paderborn Hauptbahnhof | **Öffnungszeiten** Di – Fr 10 – 17, Sa / So 10 – 18 Uhr, das Museum ist größtenteils barrierefrei | **Tipp** Kloster Dalheim, 20 Kilometer entfernt, bietet ein Museum (Klosterkultur, Gartengeschichte etc.), ein Klosterwirtshaus und einen Escape-Room im historischen Gewölbekeller.

21 Der Brunosee

Das tiefergelegte Naturschutzgebiet

Was der Bergbau in unserem Bundesland für Auswirkungen hat, wird einem klar, wenn man für ein Buch mit Ausflugszielen im Westen recherchiert. Die Halden, die stillgelegten Zechen, die Siedlungen und vieles mehr. Der Brunosee zum Beispiel. Er liegt im Ruhrgebiet zwischen Castrop-Rauxel und Dortmund, und zwar seit knapp 70 Jahren. Wie ist er entstanden? Durch »Bergsenkung«. Das bedeutet: Tief unter der Erde wurden Stollen für ein Bergwerk gegraben, die dann mit der Zeit einstürzten. Eigentlich sollten solche Gänge verfüllt werden, wenn nichts mehr gefördert wird, aber manchmal hat man das eben nicht gemacht. Diese hohlen Stollen nennt man in der Bergmannssprache »Alter Mann«. Wenn sie irgendwann zusammenbrechen, sackt das Gestein darüber ebenfalls ab. Eine Kettenreaktion beginnt, die bis zur Oberfläche reichen kann. Spektakuläre Löcher sind im Westen auf diese Weise entstanden, in denen ganze Autos verschwanden. Manchmal rollen auch nur ständig die Stifte vom Schreibtisch, weil eine Seite vom Haus sich allmählich senkt.

Durch eine solche Senkung ist der Brunosee in die Welt gekommen. Eigentlich also durch Beschädigung der Natur. Aber es ist etwas Schönes daraus geworden, und der See ist heute das Zentrum eines Naturschutzgebiets (»Beerenbruch«) und Heimat für Vogelarten, die anderswo keine Chance haben. Weiden, Röhricht, ein kleiner Wald, alles sieht nach Naturparadies aus.

Es gibt nicht viele Wege im Beerenbruch. Direkt ans Seeufer schon gar nicht, da soll man auch nicht hin, damit die Wasservögel ihre Ruhe haben. Bitte nicht die Trampelpfade benutzen! Der Wald nebenan (»Grutholz«) bietet aber ebenfalls Spazierwege und sogar ein Wildgehege. Dazwischen liegt der Deininghauser Bach: wunderschön! Ein ehemaliger Abwasserkanal, nebenbei bemerkt. Im Pott ist es nie falsch zu sagen: »Ja, gut, sieht gez scheiße aus, aba waate ma, in fünfzich Jahn! Wiaste sehn!«

Adresse Im Dahl, 44359 Dortmund | Anfahrt A 45 bis Castrop-Rauxel Ost, Langenacker, Oestricher Straße, Oststraße bis Im Dahl | Tipp Der Biergarten Tante Amanda (44357 Dortmund, Mosselde 149) ist einer der schönsten, die Fabian Raphael aus dem WDR 2 Morgenmagazin-Team kennt – und er kennt viele.

22 Schmidtheim, Binz und Kronenburg

Barfuß laufen und in die Luft gehen

Wir beginnen diesen Ausflug ganz bodenständig in Schmidtheim in der Eifel. WDR 2 Raus in den Westen heißt heute: Raus aus den Schuhen! Im Barfuß- und Generationenpark Schmidtheim gibt es 15 Stationen zum Barfußlaufen. Das ist gut für die Füße (siehe auch Nummer 73). Gut für die Nerven ist, dass es dort für die Kinder jede Menge Spielfläche gibt. WDR 2 Facebook-User Zitronen Eis schreibt: »Ein Traum für Familien. Wer auf Action steht, kann auch nebenan auf die Kartbahn oder den Flugplatz in Dahlem besuchen.«

Also auf zum Flugplatz Dahlemer Binz. Dort starten Segelflieger und allerhand anderes Gerät. Zuschauen kostet nichts, und wer sich traut, findet am Flugplatz verschiedene Möglichkeiten, selbst in die Luft zu gehen. Mit dem »Tragschrauber« zum Beispiel. Das ist so etwas wie ein Ultraleichtflieger, nur mit Rotor statt Tragfläche. Man kann mitfliegen, sitzt dann einigermaßen im Freien und kann die Eifel von oben sehen. Noch etwas waghalsiger ist das Angebot »Fallschirmsprung«. Auch dabei kann man die Landschaft genießen. Los geht's nämlich auf 4.000 Meter Höhe.

Wenn alle wieder am Boden sind: weiter Richtung Kronenburg. Wanderer orientieren sich dabei an den Eifelschleifen. Dabei handelt es sich um ein Netz von miteinander verbundenen Rundwanderwegen, die es auch in Dahlem gibt.

Kronenburg lag im 17. Jahrhundert in Spanien. Dazu musste es sich gar nicht bewegen. Es fiel einfach an die spanische Krone, weil es seinerzeit zufällig zum Herzogtum Luxemburg gehörte. Zurzeit ist es nordrhein-westfälisch, heißt aber bei manchen immer noch »Spanisches Ländchen«. WDR 2 Hörerin Gudrun war da und fühlte sich wohl: »In diesen hübschen Gassen hat sich eben seit Jahrhunderten kaum etwas verändert.«

Adresse Barfußpark, Talweg 2, 53949 Dahlem; Flugplatz, Dahlemer Binz 304, 53949 Dahlem | Anfahrt Mit dem RE 22 nach Schmidtheim oder Dahlem. Von April bis Okt. gibt es ab Köln die Eifel-Rad-/Wanderbuslinien 770 und 771, die die Eifelschleifen und einige Radwege ansteuern. | Tipp Die Eifelschleife Moorpfad startet am Bahnhof Dahlem und führt Wanderer knapp neun Kilometer durch die Feuchtgebiete des Dahlemer Moors.

23_Der Palaisgarten

Von Fröschen und Prinzen

»Detmold! Klein, aber fein!« WDR 2 Hörerin Claudia feiert die Stadt am Teutoburger Wald mit einer Fotostrecke, die wirklich Lust macht, sich das mal anzusehen. Die meisten Touristen fahren aber leider direkt zu den Externsteinen (zehn Kilometer außerhalb) oder zum Hermannsdenkmal (vier Kilometer). Ganz falsch, findet auch Ilona: »Beim nächsten Detmold-Besuch einmal in den Palaisgarten. Kann ich als Detmolderin nur empfehlen.« Tobias aus Neuenheerse stimmt ihr zu: »Ein wundervoller, schöner Park in Detmold.«

Der Palaisgarten liegt im Süden der Stadt. Den Namen hat er vom Palais, einem Bau, der früher zum Detmolder Residenzschloss gehörte. Heute befindet sich darin die Musikhochschule. Im Park freut man sich vor allem an den Wasserspielen. Große und kleine Kaskade, Springbrunnen, Schwanenteich, der Brunnen mit dem Löwenkopf. In den 1850er Jahren haben diese Attraktionen zu sprudeln begonnen, und bis auf behutsam modernisierte Pumpen sieht es heute noch so aus. Was fehlt, sind zwölf Frösche, die ursprünglich dem Löwenkopf gegenübersaßen. Wer weiß, welche Gartenteiche die inzwischen schmücken … Für Froschfans gibt es aber Ersatz: 800 Meter nördlich, am Lippischen Landesmuseum, wurde eigens für sie ein frecher Edelstahlfrosch auf ein altes Brunnenbecken montiert. Hoffentlich diebstahlsicher!

Vom Frosch zum Prinz: Neben dem Museum ist gleich das Schloss. Hier wohnt seit Jahrhunderten die Fürstenfamilie, auch heute noch. Die »regierende Tätigkeit des Hauses Lippe« ist allerdings seit 1918 beendet. Bei einem Besuch kann man sich mit Geschichte und Stil des Schlosses vertraut machen. Es gibt Sonderführungen, zum Beispiel für Kinder, aber auch zum Thema Mode (anhand von Gemälden) oder als Taschenlampen-Event an dunklen Winternachmittagen.

Externsteine und Hermann kann man ja gelegentlich immer noch nachholen. Eine Frosch-Garantie geben wir dort aber nicht.

Adresse Hochschule für Musik (Palaisgarten), Willi-Hofmann-Straße 5, 32756 Detmold | **Anfahrt** RB ab Bielefeld, in Detmold mit dem Bus Richtung Berlebeck/Bad Meinberg oder zu Fuß ein Kilometer | **Öffnungszeiten** Der Park ist immer offen, das Schloss Di–So 11–17 Uhr, schloss-detmold.de | **Tipp** Die Buslinie 792 klappert Sa/So, feiertags im Stundenrhythmus samt Fahrradanhänger die Touristikziele der Gegend ab.

24 Hervester Bruch

Bis der Storch kommt

Als WDR 2 Hörerin Claudia aus Recklinghausen am Storchennest ankam, war es leider zu spät. Die Vögel hatten sich auf den Weg ins Warme gemacht, es war schon Herbst. Macht nichts, im Frühjahr kommen sie wieder. Vor Jahren bekam das Pärchen, das nahe beim Aussichtspunkt brütet, die Namen Werner und Luise. Seither kann man am Hervester Bruch den Störchen bei der Aufzucht des Nachwuchses zuschauen. Ob es wirklich immer Werner und Luise sind, weiß man nicht so genau. Romantisch wär's schon.

In der Nähe sind noch mehr Anlaufstellen fürs schöne Wochenende, übrigens auch lohnende Rad- und Wanderwege. Gar nicht weit wäre es zum Beispiel zum Kiosk Tante Guste. Sonja aus der WDR 2 Facebook-Community hat ihn zufällig gefunden (»Total urig!«). Es sieht dort aus, als sei man in einem privaten Schrebergarten zu Gast.

Nicht ganz drei Kilometer westlich vom Kiosk ist Schloss Lembeck. Der Barockbau mit dem breiten Wassergraben bietet ein Schlossmuseum, ein Café und einen englischen Garten mit besonderen Rosen und Rhododendren. Susanne schrieb von dort: »Schade, dass wir schon an die 30 Jahre verheiratet sind – das Standesamt dort im Schloss bietet einen wunderbaren Rahmen mit phantastischer Kulisse für Bilder. Heute waren mehrere Brautpaare dort.« Unter diesen Eintrag setzte Niklas ein Herzchen, »weil ich 1975 dort in der Kellerdisco meine heutige Frau getroffen habe. Sind seit 1977 verheiratet. Übrigens gibt es die Disco schon lange nicht mehr.« Jemand schrieb zurück: »Hauptsache, es gibt die Frau noch!«

Eine kleine Recherche ergab: Die Disco wurde damals aufgrund der häufigen Auseinandersetzungen unter den Gästen geschlossen. »Manch ein streitsüchtiger Gast landete nachts im Schlossteich.« Niklas nicht, wie er uns versichert hat. Er sei immer brav gewesen. Und die Frau gibt's auch noch. Schloss Lembeck ist ganz offensichtlich ein echtes Romantikziel!

Adresse Storchennest, Hervester Straße/Brauckweg, 46284 Dorsten; Tante Guste, Lippramsdorfer Straße 250, 46286 Dorsten-Lembeck; Schloss Lembeck, Schloss 2, 46286 Dorsten | **Öffnungszeiten** Tante Guste Do–So 13 Uhr bis Dunkelheit; Museum Schloss Lembeck Sa, So, Feiertag 11–16 Uhr und nach Voranmeldung (schlosslembeck.de) | **Tipp** Gabriele aus Recklinghausen schickt uns nach Dorsten zur (Dampf-)Maschinenhalle der Zeche Fürst Leopold: »Am Wochenende werden die Maschinen angeschmissen.«

25 Husten und Schlüsen

Von Sven Pistor, WDR 2 Liga Live Moderator

Wandern ist für mich ganz großer Sport! Es kann sehr gut sein, dass wir uns auf einem der viele Wege und Steige des Westens schon begegnet sind, denn wann immer es möglich ist, zieht es Familie Pistor raus. Für uns ist es ein Fest, durch unseren wunderbaren Westen zu stiefeln, die Landschaft zu genießen, ein Picknick zu machen und am Abend erschöpft und glücklich ins Bett zu fallen. Klingt kitschig, ist aber zu hundert Prozent die Wahrheit. Einzig unsere Tour am hügeligen Rheinsteig, wo mir ein Blasenpflaster die Ferse ruinierte, hätte nicht sein müssen. Na gut, auch erfahrenen Wanderern passiert so etwas.

Auf geht's nach Drolshagen. Zu WDR 2 Raus in den Westen passt nämlich sehr gut die Geschichte des Brudertreue-Denkmals. Ein Stein mit Text, den drei Brüder namens Schürholz 1936 zur Erinnerung an ihren vierten Bruder aufstellten, der früh gestorben war. Der Stein steht wohlgemerkt nicht da, wo er wohnte, sondern dort, wo er gern wanderte, südlich von Drolshagen. Am Parkplatz beim Gedenkstein startet der Wanderweg A 8. Er führt bergauf bis Steupingen und weiter nach Süden, hinunter nach Husten, den niedrigsten Punkt der Runde. Wer sich über den Namen Husten amüsiert, findet sicher auch den Nachbarort Halbhusten ganz witzig. Den sparen wir aber aus und wenden uns mit dem A 8 nach links. Jetzt geht es mit einigen Anstiegen über Dirkingen wieder nach Norden und zum Ausgangspunkt bei Drolshagen.

Und für die, die noch nicht genug von der Ecke haben, hier noch eine Wanderung: Nördlich von Drolshagen findet man den Schlüsenlehrpfad. Schlüsen nennt man hier die Hohlwege im Wald. Das sind Überreste alter Handelsrouten. Schilder am Weg erzählen einiges über den ehedem anstrengenden Job, Fracht über Land zu transportieren – aber heutige Lkw-Fahrer haben es ja auch nicht leicht, zum Beispiel auf der A 45 ganz in der Nähe. Die WDR 2 Staumeldungen sind mein Zeuge.

Adresse Der Wanderparkplatz Brudertreue liegt südlich von Drolshagen; Wanderweg A 8: 7,2 Kilometer; Schlüsen-Lehrpfad: Am Frohnen Wenden, 57489 Drolshagen-Junkernhöh. | **Tipp** 140 Tierarten sind im Affen- und Vogelpark Eckenhagen zu erleben, nicht nur Affen und Vögel. Nur einen Affensprung von Husten entfernt.

26 Der Hafen

Modernes und Nostalgisches

»Der Duisburger Hafenstadtteil Ruhrort zählt für mich zu den schönsten und facettenreichsten Orten von Duisburg«, findet Manfred aus Duisburg, einer der vielen Hobbyfotografen in der WDR 2 Raus in den Westen-Community. Er ist damit nicht allein. Der größte Binnenhafen der Welt ist Arbeitsplatz für 36.000 Menschen, aber gleichzeitig auch ein Ort mit hohem Freizeitwert. Erst mal WDR 2 Hörerin Petra: »Wir haben eine herrliche zweistündige Hafenrundfahrt mitgemacht.« Da sieht man die moderne Riesenmaschine am besten, die so ein Hafen nun mal ist. Es ist ja nicht alles Nostalgie im Ruhrgebiet!

Wer sich weniger für Containerstapel interessiert, sondern eher fürs Spazieren, dem bieten sich zwei Ziele an: »An der Schifferbörse kann man bis zur Spitze laufen, wo die Ruhr in den Rhein mündet«, meldet Kerstin. Es ist das Nordufer der Ruhrmündung, auf dem man da entlangwandert. Ganz am Ende steht die Nikolaus-Statue, kurz vorher kommt man noch am Biergarten Mühlenweide vorbei, sodass man dort nicht so einsam ist, wenn man den Dampfern auf dem Rhein nachschaut.

Etwas ruhiger geht es am Südufer zu. Dort hat man das Flusspanorama ohne Biergarten. Dafür steht da das »Rheinorange«, ein 25 Meter hoher Stahlblock in Reinorange (RAL 2004). Brammen nennt man diese Blöcke, aus denen die Stahlindustrie dann Bleche walzt. Der müllwagenfarbene Koloss ist gut mit dem Rad zu erreichen, er stellt auch das Ende des Ruhrtalradwegs dar. Und man kann da gut mit einem Bierchen sitzen. Aber das kann man ja hier überall.

Noch eine Duisburg-Ikone fehlt: Schimmi. Der Tatort-Kommissar, der mit seinem ersten Satz TV-Geschichte schrieb: »Du Idiot, hör auf mit der Scheiße!«. Er hat seine eigene Straße im Hafen, die Horst-Schimanski-Gasse. Gleich um die Ecke gibt es auch den Anker noch. In dieser Kneipe stand Schimmi gern am Tresen. Und jetzt sind wir doch bei der Nostalgie gelandet.

Adresse Biergarten Mühlenweide, Dammstraße 10, 47119 Duisburg; Gaststätte Zum Anker, König-Friedrich-Wilhelm-Straße 18, 47119 Duisburg | **Öffnungszeiten** Hafenrundfahrt: Weisse Flotte, Calaisplatz 3, 47051 Duisburg, Tel. 0203/7139667 oder Ruhrorter Personenschifffahrt, Gotenstraße 4, 47178 Duisburg, Tel. 0203/8070677 | **Tipp** Die Sechs-Seen-Platte in Wedau wird gern erwandert. Viel Wasser, viel Grün … WDR 2 Hörerin Miriam kommentiert: »Ja. Meine Stadt kann auch schön!«

27_Kaiserswerth

Eine Runde Barbarossa und zwei Kugeln Stracciatella

Der älteste Stadtteil von Düsseldorf liegt hinter dem Flughafen, malerisch direkt am Rhein: Kaiserswerth. Man kann hier einfach flanieren, man könnte aber auch eine richtige Wanderung daraus machen. WDR 2 Hörerin Heike hat eine Tour für ihr Blog »Wandern im VRR« gestrickt, die an der U 79-Haltestelle Kalkumer Schloßallee startet. Zunächst folgt man der Schlossallee – ein Abstecher in den Schlosspark wird empfohlen – bis über die Bundesstraße. Dann hält man sich links zum Angermunder See, geht am Ufer entlang Richtung Burg und von dort zum Kloster St. Katharina von Siena. Wieder links gelangt man zum Schloss Heltorf mit seinem englischen Landschaftspark. Am Westende des Parks geht es wieder hinaus, unter der Bundesstraße durch und Richtung Rhein. Am Ufer entlang kommt man nach Kaiserswerth, wo man sich in Ruhe umschauen kann. Mit Heikes Worten: »Die Sehenswürdigkeiten und besonders das Flair dieses Ortes sind einzigartig. Also unbedingt einplanen.«

Das waren 19 Kilometer, aber wer noch Energie für ein paar Schritte hat, sollte einen weiteren Programmpunkt nicht versäumen: »Fähre und Eis essen« ist unverzichtbar, finden mehrere WDR 2 Hörer. Der Fähranleger ist weiter südlich, auf dem Weg kommt man noch an der Kaiserpfalz vorbei. Das ist die Ruine einer Burg, in der zum Beispiel Kaiser Barbarossa Hof hielt. Damals lag sie auf einer Insel im Rhein, daher kommt auch der Name des Ortes: Werth bedeutet Insel. Vor 300 Jahren wurde die Burg im Zuge des Spanischen Erbfolgekrieges gesprengt und diente danach als Steinbruch. Jetzt kümmert sich ein Förderverein um das Gemäuer.

Eine Fähre hinüber nach Meerbusch-Langst gab es wohl schon seit dem Mittelalter. Das aktuelle Boot heißt »Michaela II«, es passen auch Autos drauf. Einmal entspannt hin und her zu schippern, ist das i-Tüpfelchen dieser kleinen Reise nach Kaiserswerth. Eis gibt es an beiden Ufern.

Adresse Kalkumer Schloßallee / Mühlenweg, 40489 Düsseldorf | **Anfahrt** ab Düsseldorf oder Duisburg mit der U 79 oder über die B 8 | **Tipp** für Asterix-Fans: In Kaiserswerth (Zeppenheimer Weg 8) steht ein Hinkelstein. Nicht sehr groß, dafür wohl bis zu 4.000 Jahre alt. Menhir nennt man diese Steinsäulen. Wozu die gut waren? Weiß ja nicht mal Miraculix.

28 Das Radioteleskop

Handy aus, bitte!

»Mit dem Fahrrad beim großen Ohr gewesen«, schreibt WDR 2 Hörer Achim. Groß? Er untertreibt. Vor 50 Jahren eingeweiht, war es fast 30 Jahre lang das größte der Welt: das voll bewegliche 100-Meter-Radioteleskop in Bad Münstereifel-Effelsberg. Und auch heute noch ist unsere Kosmos-Antenne auf dem neuesten Stand, weil immer wieder alles modernisiert wurde, stellt der Betreiber, das Max-Planck-Institut, stolz klar. Beobachtet werden Dinge wie Pulsare, Spuren von schwarzen Löchern oder Entstehungsgebiete von Sternen.

Durch eine Glaslinse oder ein Fernrohr schaut hier freilich keiner. Eine Antenne mit einer Fläche von fast 8.000 Quadratmetern empfängt Radiosignale aus dem All. Man kann sie sich vorstellen wie eine riesige Satellitenschüssel, schwenk- und kippbar, sodass der gesamte Himmel abgehört werden kann. Dieses 3.200-Tonnen-Gerät ist dabei so empfindlich, dass Handys und Tablets in der Nähe am besten in den Flugmodus versetzt oder ausgeschaltet werden sollten, damit sie nicht stören.

Das Teleskop lässt sich von einer Aussichtsterrasse gut überblicken. Es liegt ja (warum eigentlich?) unten im Tal. Oder man integriert es in eine Wandertour, die zum Beispiel WDR 2 Hörer Joa empfiehlt: »Es gibt eine abwechslungsreiche circa zehn Kilometer lange Wanderung rund um das Radioteleskop.« Außerdem kann man auf Themenwegen etwas lernen: Der Milchstraßenweg (von Burgsahr aus, rotes Teleskop-Logo) führt zum Teleskop hin, und der Galaxienweg (blaues Logo, Richtung Martinshütte) leitet Wanderer weiter, jeweils mit Anschluss an weitere Wanderwege. Unterwegs gibt es viel Wissen für Weltall-Fans. Kürzer ist der Planetenweg. Vom Besucherparkplatz bis zum Info-Pavillon unterhält er mit Texttafeln über Pluto, Venus und so weiter.

Wenn es Radiowellen aus bis zu zwölf Milliarden Lichtjahren Entfernung bis Effelsberg schaffen, dann sollte es für Radiohörer aus dem Westen Ehrensache sein, hier auch mal vorbeizuschauen.

Adresse Max-Planck-Straße 10, 53912 Bad Münstereifel-Effelsberg | Anfahrt Google Maps führt in die Irre, schreiben die Forscher. In Effelsberg stehen aber Schilder. Vom Besucherparkplatz noch zehn bis 15 Minuten zu Fuß. | Öffnungszeiten Vorträge: nach Anmeldung unter Tel. 02257/301101 (mpifr-bonn.mpg.de/effelsberg) | Tipp Keine 20 Kilometer entfernt, bei Eschweiler, wird der Vorgänger, der »Astropeiler Stockert«, von Amateuren weiterbetrieben. Infos: astropeiler.de.

29 Die Kluterthöhle

Hoffentlich geht die Lampe nicht aus!

»Eine der schönsten Höhlen der Welt«, nennt WDR 2 Hörer Sven die Kluterthöhle. Ihr verzweigtes Gangsystem ist fast sechs Kilometer lang. Man kann es bei Führungen erkunden. »An heißen Tagen eine super Abkühlung, bei schlechtem Wetter eine trockene Alternative«, vermerkt Astrid. Dazu die Warnung von Jan aus Gevelsberg: »Der Regen braucht 24 Stunden bis in die Höhle. Kann schlammig werden.«

So viel zum normalen Höhlenbetrieb. Aber die Kluterthöhle gibt's auch in härter und dunkler, nämlich bei Abenteuerführungen. Fabian Raphael aus dem WDR 2 Team hat hier einige der aufregendsten Stunden seines Lebens verbracht, erzählt er. Auch Martina aus Veen war begeistert: »Nur wir und der Höhlenführer im Dunkeln, mit Stirnlampen. Echt genial! Wechselkleidung unbedingt parat haben!«

Wie so eine Extremtour sich abspielt – hier ist der Bericht von Fabian: »Erst mal geht es durch ein 1970er-Jahre-Betonarchitektur-Ungetüm zum Höhleneingang. Hier begrüßt uns Höhlenführer Patrice, kleidet uns schlammfest ein und bringt ein paar lustige Sprüche gegen die Aufregung. Und dann rein in die Höhle! Nicht über die breiten, beleuchteten Gänge, die ›normale‹ Besucher begehen, sondern eher so wie die Höhlenforscher. Durch Tunnel und Röhren und Löcher im Felsen, bei denen man sich erst fragt, wie da ein Mensch durchpassen soll. In der Gruppe immer den Stiefeln des Vordermannes hinterher, in der Hoffnung, dass die Helmlampe nie ausgeht … und dass nicht ausgerechnet hier der Haustürschlüssel aus der Hosentasche in einen Spalt fällt. In einem großen Höhlensaal schalten wir alle unser Helmlicht aus. Komplette Dunkelheit. Nur das Tropfen von der Höhlendecke ist zu hören. Und der kühle Atem der Gruppenmitglieder. Völlig eingematscht kommt man wieder ins Freie. Zum Saubermachen gibt's hier einen Wasserschlauch. Ein wahnsinniges Abenteuer. Mitten in Ennepetal!«

Adresse Kluterthöhle, Gasstraße 10, 58256 Ennepetal, kluterthoehle.de | Anfahrt Ab Bahnhof Ennepetal sind es 20 Minuten Fußweg, ab dem Busbahnhof ist es etwa halb so weit. | Öffnungszeiten Führungen anfragen unter Tel. 02333/988011 | Tipp Möchte jemand mit dem Rauchen aufhören? Wer zwei Wochen Zeit hat, kann in der Kluterthöhle eine Raucher-Entwöhnungskur unter ärztlicher Anleitung machen.

30 Die Ville

Von der Mondlandschaft zur Seenplatte

Die Ville ist eine waldige Seenlandschaft im Speckgürtel von Köln. Es gibt Campingplätze, Strandbäder und Wege – und im Sommer wohltuenden Schatten unter den Bäumen. Bevor wir uns damit beschäftigen, was hier früher so los war, schauen wir uns erst mal die Tour an, die WDR 2 Hörerin Geli vorgeschlagen hat, um die Gegend zu erkunden.

In Erftstadt geht es los. Der Parkplatz am Donatussee (etwa 500 Spaziermeter vom Bahnhof entfernt) ist unser Startpunkt. Wir laufen nach Norden, am Waldbiergarten vorbei, umkurven das Nordufer des Obersees, dann weiter am Mittelsee vorbei zum Untersee. Am Schluchtsee entlang kommen wir zum Heider Bergsee. Dort gibt es Gelegenheit für eine Pause und ein Bad im See (gegen Eintritt am Campingplatz). Nach der Runde um diesen See wenden wir uns grob nach Westen, um auch noch den Franziskussee mitzunehmen, und dann zurück auf Start – das heißt: zum Biergarten.

Es ist noch nicht so lange her, da sah es hier völlig anders aus. Bis vor etwa 60 Jahren prägten nicht Bäume und Seen, sondern Braunkohlegruben und Brikettfabriken das Bild. Dieter Schroers aus der WDR 2 Facebook-Gruppe erinnert sich: »Als Kind habe ich die Verwandlung von einer ›Mondlandschaft‹ in eine Wald- und Seenlandschaft miterlebt.« Vorher wurde aber noch kräftig gebaggert: »Die Bahnstrecke Köln–Trier wurde Mitte der 1950er Jahre zwischen Kierberg und Liblar an die B 265 verlegt, um die unter der alten Strecke liegende Braunkohle abbauen zu können«, schreibt Dieter. Auf der alten Landkarte, die er abfotografiert hat, stehen kein Donatussee und auch kein Liblarer See, sondern die Donatusgrube und die Liblarer Grube.

Wer die noch aktiven Tagebaugruben Hambach und Garzweiler (siehe Nummer 31) vor Augen hat – die freilich viel größer und tiefer sind –, wird vielleicht bei einem Spaziergang hier versöhnlicher. Irgendwann sind das auch schöne Seen … Hoffentlich. Irgendwann.

Adresse Wanderparkplatz Donatussee, Schlunkweg, 50374 Erftstadt | Anfahrt mit der Regionalbahn ab Köln circa 20 Minuten bis Bahnhof Erftstadt | Tipp RB 24 Haltepunkt Kierberg, der »Kaiserbahnhof« in Brühl von 1875 – er war einer der schönsten Bahnhöfe im Land mit einem eigenen Gleis für den Zug von Kaiser Wilhelm. Erhalten ist das hübsche Gebäude, in dem man heute gut essen kann.

31__Keyenberg

Solange es noch steht

Wenn man das gigantische Baggerloch namens Garzweiler zum ersten Mal sieht, ist man überwältigt. Das geht eigentlich jedem so. Es fällt schwer, sich vorzustellen, wie die Landschaft aussah, bevor die Braunkohlebagger kamen. Die verschwundenen Dörfer lassen sich nicht mehr besichtigen (eines davon hieß übrigens Garzweiler, daher der Name). Von manchen existieren immerhin die Ortsnamen weiter: »Immerath (neu)« zum Beispiel. Andere werden wohl vergessen werden. Was allerdings möglich ist: ein Trip zu den Orten, die jetzt noch da sind, in den nächsten Jahren aber geräumt werden sollen.

Auf der Liste der Dörfer, die Platz für die Grube machen sollen, stehen – Stand Anfang 2021 – Keyenberg, Kuckum, Oberwestrich, Unterwestrich und Berverath. WDR 2 Hörer Michael aus Kaster hat ein Bild des »Immerather Doms«, der im Januar 2018 abgerissen wurde, auf Facebook geteilt. Dazu hat er vermerkt: »Ausflugstipp: Keyenberg, solange es noch steht … alle anderen Sehenswürdigkeiten kann man auch später noch besuchen.«

Auch Silke, die in Keyenberg wohnt, hat sich gemeldet und einen Besuch des Geisterdorfs empfohlen: »Der Ort ist schon halb leer. Aber bitte nichts klauen! Noch lebe ich hier.« – Tatsächlich ärgern sich manche Anwohner über Besucher. Sie empfinden sie als Katastrophen-Touristen. Andere freuen sich, wenn sie interessierten Zuhörern erzählen können, wie es früher hier war und wie es sich anfühlt, sein Heimatdorf zu verlieren.

In den Tagebau kann man von hier aus nicht gut schauen, an die Kante darf man in der Regel nicht. Dafür gibt es in der Nähe Aussichtspunkte. Ein Skywalk liegt am Autobahndreieck Jackerath, wo A 61 und A 44 sich treffen. Dort die Ausfahrt Jackerath nehmen und den Schildern folgen. Der zweite Aussichtspunkt ist »Hochneukirch« an der Ausfahrt Wanlo. Von dort aus kann man übers Loch weg nach Keyenberg hinüberspähen. Solange es noch steht.

Adresse Keyenberg , ehemalige Dorfkneipe: Borschemicher Straße 29, 41812 Erkelenz | Anfahrt Über die A 46 oder A 61 bis Dreieck Wanlo, dann südlich zur L 277. Achtung: Von Lützerath aus ist die 277 schon weggebaggert! | Tipp Auch Eisenbahnfreunde finden am Tagebau Interessantes: Die Werksbahnen von Rheinbraun und RWE sind Leckerbissen für Trainspotter.

32 Die Siedlung Margarethenhöhe

Eine Kleinstadt in der Großstadt

Noch eine Adresse aus der Sammlung höchst fotogener Ecken im Land: die Gartenstadt im Essener Süden, die von den Einheimischen gern »Maggi-Höhe« abgekürzt wird. WDR 2 Hörerin Silke hat extra ein Album »Herbst = Margarethenhöhe« angelegt, um die Häuser dort zu präsentieren, teilweise mit bunten Weinblättern malerisch zugewachsen. Im Winter gibt's einen hübschen Weihnachtsmarkt.

1909 begann der Bau der Siedlung »im Charakter einer idyllischen Kleinstadt«, wie ein Schild verrät. Was damals idyllisch war, ist es heute umso mehr. »Wunderschön!!!«, kommentiert Wilhelm aus Dortmund. »Wie ein Ausflug ins letzte Jahrhundert«, findet Valerie. Der Hashtag #margarethenhöhe bei Instagram bringt auch jede Menge Treffer.

Benannt wurde das Viertel nach Margarethe Krupp. Die Witwe von Friedrich Alfred Krupp stellte das Land und eine Million Mark zur Verfügung. Entstehen sollten Wohnungen für Kruppianer, aber auch für Leute mit wenig Geld. Der Planer war Georg Metzendorf. Er kombinierte bestimmte Merkmale wie Dachgiebelformen, Fenster oder Haustüren immer etwas anders. So gleicht kein Haus ganz dem nächsten. Auch dass die Häuser nicht alle in einer Reihe stehen, sieht einfach gut aus.

Die Idee solcher Gartenstädte kam aus England. Das Elend der verbreiteten Werkssiedlungen mit ihren Barackenbauten schrie dort ähnlich nach Veränderung wie im Ruhrgebiet. Mehr Luft, mehr Platz, mehr Grün sollten den Bewohnern ein gesünderes Leben ermöglichen. In der Stensstraße gibt es eine originalgetreu eingerichtete Musterwohnung, die bei Führungen besichtigt werden kann. Das Interieur hat Metzendorf übrigens selbst gestaltet. Er war nicht nur fürs große Ganze, sondern ganz offensichtlich auch für die Details zuständig.

Wer gleich herziehen will, kann sich auf die Warteliste setzen lassen. Geduld sollte man allerdings mitbringen.

Adresse Am Brückenkopf, 45149 Essen | **Anfahrt** Ab Essen Hauptbahnhof mit der U 17 bis Halbe Höhe. Parkplätze sind den Anwohnern vorbehalten (die auch darum bitten, ihre Privatsphäre zu respektieren). | **Öffnungszeiten** Führungen: Bürgerschaft Margarethenhöhe e. V., Tel. 0201/80095095, oder Ruhr Museum, Tel. 0201/24681444 | **Tipp** Baldeneysee! WDR 2 Hörerin Angelika aus Essen: »Wenn ich den See seh, brauch ich kein Meer mehr!«

33 Das Pumpspeicherwerk

Der Wasser-Akku

»So, Leute, wir brauchen eine Art riesige Batterie fürs Stromnetz. Der Plan ist: Wir tragen die Kuppe von dem Berg da ab, installieren oben ein Becken für eine Milliarde Liter Wasser und verlegen ein dickes Rohr zu einem Stausee, den wir hier unten anlegen.« – »Wird gemacht, Chef!«

Gesagt, getan. In den 1960er Jahren kappte der Energieversorger Elektromark tatsächlich den Dahlberg bei Rönkhausen im Sauerland. Im Tal entstand eine Mauer, um den Glingebach aufzustauen. Nun konnte man Wasser über fast 300 Höhenmeter hinaufpumpen in das Becken auf dem Berg und später wieder runterrauschen lassen. Die Anlage arbeitet wie ein Akku: Laden bedeutet Wasser hochpumpen. (Das macht man, wenn zu viel Strom im Netz ist.) Wann immer man dann wieder Strom benötigt, öffnet man oben den Zufluss zum Rohr, das Wasser fließt hinunter und treibt im Tal eine Turbine an. Nach 50 Jahren in Betrieb wurde die Anlage vor ein paar Jahren renoviert.

Warum das Pumpspeicherwerk hier auftaucht? Weil es ein tolles Ausflugsziel ist, »bei jedem Wetter sehenswert«, wie WDR 2 Hörerin Britta schreibt. Das Becken auf dem Dahlberg kann man nämlich umrunden. Ein »Energieweg« ist ausgeschildert und mit Infotafeln versehen worden. Beim Spazieren hat man einen 360-Grad-Rundblick in die Landschaft. Wenn man ins Becken schaut, sieht man den »Einlaufturm« – quasi den Badewannenstöpsel. Der Wanderparkplatz am Oberbecken ist auch ein guter Einstieg in den Fernwanderweg »Sauerland-Höhenflug«, der den Dahlberg südlich passiert.

Was nicht mehr geht: Motorradfahren von Rönkhausen den Berg hoch nach Wildewiese. Jedenfalls nicht an Sommersonntagen. Auf der schönen, kurvenreichen Strecke sind so viele Unfälle passiert, dass der Finnentroper Gemeinderat ein Motorradverbot beschlossen hat. Das rettet möglicherweise einigen Fahrern das Leben – und vielen lärmgeplagten Sauerland-Touristen den ruhigen Spaziergang.

Adresse Parkplatz Pumpspeicherwerk, 57413 Finnentrop | Anfahrt A 45 bis Olpe, dann über Attendorn an der Bigge entlang | Tipp Auf einem Bergsporn oberhalb der Lenne, vier Kilometer westlich von Rönkhausen, liegt die Burgruine Schwarzenberg – ein im Wald verstecktes altes Gemäuer mit Abenteuer-Appeal.

34 Die Selfkantbahn

Auf Meterspur im westlichsten Zipfel Deutschlands

»Es dampft wieder im Selfkant!« So hat WDR 2 Hörerin Melanie ihr Foto von der Selfkantbahn überschrieben. Sie wohnt direkt an den Schienen, »so nah, dass man fast übern Zaun Getränke reichen könnte. Natürlich wird gewinkt, wenn man im Garten sitzt.« Dass die Lok Ruß und Dampf ausstößt, ist nicht so schlimm: »Ich liebe diese Bahn.«

Sie ist nicht allein mit dieser Liebe. Die Schmalspurbahn wird seit gut 50 Jahren von einem Verein betrieben, dessen Mitglieder mit viel Herzblut und Arbeit bei der Sache sind. Zwischen Schierwaldenrath und Gillrath liegen auf sechs Kilometer Länge Schienen in Spurweite 1.000 Millimeter. Mit gemächlichen 20 Stundenkilometern bewegt sich das »rollende Material« hin und her: Loks mit und ohne Dampf, mit verschiedenen Waggons für Publikumsfahrten, Lokführerkurse – oder ganz einfach, weil etwas transportiert werden muss.

Früher gab es Schmalspurbahnen im ganzen Land, zum Beispiel in Baden oder auf der Insel Sylt. Heutige Bahnen fahren auf viel breiteren Schienen: 1.435 Millimeter ist die »Normalspur« in Europa. Mit jeder Strecke, die aufgegeben wurde, blieben Fahrzeuge übrig. Viele davon sind irgendwann in Gangelt gelandet, darunter sieben Dampfloks, aber auch über 20 Güterwaggons. Einige Wagen stehen am Bahnhof Schierwaldenrath im Freien, sodass man sie auch unter der Woche anschauen kann. Die wirklichen Preziosen kommen nur am Wochenende aus den Schuppen, Fotografen belagern dann die Strecke. Gern kann man mitfahren, Tickets gibt's neben den Bahnsteigen.

Heiraten geht übrigens auch: Die Gemeinde Gangelt hat Wagen 124 zum Trauzimmer erklärt, sodass er als rollendes Standesamt fungiert. Ein Jawort unter Dampf irgendwo zwischen Schierwaldenrath und Gillrath … unvergesslich. Fahrtage gibt es nicht nur im Sommer: Anfang Dezember kommt der Nikolaus mit der Kutsche an den Zug. Reservieren wird empfohlen, der Andrang ist jedes Jahr groß.

Adresse Bahnhof Schierwaldenrath, Am Bahnhof 13a, 52538 Gangelt | Anfahrt ab Düsseldorf A 46 und B 56 nach Birgden / Schierwaldenrath | Öffnungszeiten Fahrtage: Ostern bis Okt. sonn- und feiertags, Fahrpläne auf selfkantbahn.de | Tipp Fast exakt auf 51° Nord, 6° West liegt in Gangelt der »Mercatorpunkt« zu Ehren Gerhard Mercators, der hier vor 500 Jahren lebte – ein Pilgerort für Landkartenfans!

35 Der Nordsternpark

Glück auf!

Das Kapitel zum Nordsternpark im Ruhrgebiet schreibt sich fast von selbst. Einmal durch die Einträge bei WDR 2 Raus in den Westen gescrollt … »Ein' hab ich noch: Nordsternpark GE.« – »Sehr schön dort.« – »Für Spaziergänge mit Kind und Hund super.« – »Da lohnt sich ein Ausflug.« – »Eine Oase der Ruhe und Entschleunigung.« – »Inklusive gutem Biergarten.« – »Gelsenkirchen hat mehr zu bieten als schlechte Nachrichten und miese Arbeitslosenzahlen.« – »Wunderschöner Ruhrpott!« – »Ein lohnendes Ausflugsziel.« – »Das ehemalige BUGA-Gelände in Gelsenkirchen hat sich ganz schön gemausert.« – »Eine Oase für Jogger, Spaziergänger, Veranstaltungen und vieles mehr.« – »Viele kleine Ecken und Wege zum Verweilen und Träumen.« – »Ein bisschen Wasser und ein bisschen Industriekultur … eine schöne Mischung.« – »Glück auf aus Gelsenkirchen, unser Nordsternpark!«

Dazu noch ein schneller Blick ins WDR-Archiv: Am 11. Februar 1993 kam der letzte Förderwagen mit Steinkohle aus der Zeche Nordstern. Da hatten die Vorbereitungen für die Bundesgartenschau schon begonnen. Den ersten Baum setzte ein Jahr später der damalige Ministerpräsident Johannes Rau. Bundespräsident Roman Herzog sagte bei der Eröffnung 1997: »Strukturwandel ist kein Schicksal, dem man hilflos ausgeliefert ist«, und mahnte, nicht für immer an der Kohlevergangenheit festzuhalten, sondern in die Zukunft zu schauen. Nicht alle sahen das damals so optimistisch wie er.

Seither wurden Millionen von kleinen Urlauben auf dem Gelände verbracht, bis heute ist der Nordsternpark einer der meistbesuchten Naherholungsorte des Landes. Es gibt eine Veranstaltungsarena, Biergarten, Café und Restaurant, dazu Grill-, Spiel- und Sportplätze, den »erlebnispädagogischen Ziegenmichelhof« und direkten Anschluss an den Emscher-Radweg sowie die Weiße Flotte. Eine Art freizeittechnisches Vollsortiment für die Nachfahren der einstigen Kohlekumpel.

Adresse Am Bugapark 1, 45899 Gelsenkirchen | Anfahrt ab Hauptbahnhof Gelsenkirchen Buslinien 383 / SB 36 oder ab Bahnhof Altenessen U 11 bis Schloss Horst; A 42 bis Gelsenkirchen-Heßler | Tipp Ganz in der Nähe (in Altenessen) befindet sich die Schurenbachhalde mit einem tollen Ruhrgebietspanorama. Zitat aus der WDR 2 Gruppe: »Dat is auch traumhaft da.«

36 Die Himmelstreppe

Ein Fundament, ganz oben

Auf die Halde Rheinelbe im Ruhrgebiet führt ein spiralförmiger Weg hinauf – und eine steile Piste für mutige Mountainbiker hinunter. Im unteren Bereich ist der Hügel begrünt, weiter oben wächst dann nichts mehr. Diese letzten Höhenmeter wurden 1999 aufgeschichtet. Ganz zur Ruhe ist der Boden noch nicht gekommen: Rheinelbe zählt zu den »brennenden Halden« – es gibt wohl Zonen im Boden, wo Kohle-Schwelfeuer glühen. Kohlereste im aufgeschütteten Gestein reagieren mit Sauerstoff.

Weithin sichtbar ist die »Himmelstreppe« auf der Spitze der Halde. Das ist eine Skulptur aus groben Betonquadern, die früher zum Fundament eines Zechengebäudes gehörten und jetzt, wie die Stadt Gelsenkirchen schreibt, »aztekisch in den Himmel ragen«. Der Künstler Herman Prigann hat die Landmarke geschaffen. Weiter unten, auf dem ehemaligen Zechengelände, kann man noch mehr Prigann-Werke finden, die allmählich überwuchert werden. Passend dazu gibt es auch eine Forststation, die Infos und Führungen zum »Industriewald Ruhrgebiet« anbietet.

Wem die Himmelstreppe nicht so gefällt, der schaut in die Gegend. Tanja lobt den schönen 360-Grad-Blick über das Ruhrgebiet, und Markus stellt fest: »Der Pott ist ganz schön grün.« Allerdings gibt es auch beim Blick mehr als eine Meinung. WDR 2 Hörer Dirk aus Düsseldorf drückt es diplomatisch aus: »Die Aussicht ist Geschmackssache, man sieht, was eben da ist …«

Wir überlassen das dem Betrachter, erwähnen aber noch kurz, wie die Halde Rheinelbe am besten zu erreichen ist. Thomas gibt den Tipp: »Sie liegt an der Erzbahntrasse. So kann man sie schön mit dem Rad anfahren.« Die Radroute Erzbahntrasse verbindet den Westpark Bochum mit dem Rhein-Herne-Kanal. Einige der extra gebauten Brücken sind absolut spektakulär. Bei der »Erzbahnbude« (Radlercafé, Geheimtipp!) biegt man auf die »Kray-Wanner-Bahn« ab, die direkt zur Himmelstreppe führt.

Adresse Leithestraße, 45886 Gelsenkirchen (hier Parkmöglichkeiten) | Anfahrt ab Bochum oder Gelsenkirchen Hauptbahnhof mit Linie 302 bis Ückendorf-Gesamtschule, ab hier ein Kilometer Fußweg | Öffnungszeiten Waldführungen: Forststation Rheinelbe, Virchowstraße 123, 45886 Gelsenkirchen, Tel. 0209/1474844 | Tipp Noch 'ne Himmelstreppe gibt es an der Halde Norddeutschland in Neukirchen-Vluyn, 40 Kilometer weiter westlich. 25 Kilometer nördlich auf Halde Hoheward: die Himmelsstiege – nicht verwechseln!

37 Das Kuhlenvenn

Da gibt's gar nix!

WDR 2 Hörer Dieter Meiners ist einer der besonders fleißigen Autoren bei WDR 2 Raus in den Westen. Besonders hat es ihm das Kuhlenvenn angetan, ein Naturschutzgebiet zwischen Coesfeld und Borken im Westmünsterland. Die Fotos, die er mit der Gruppe teilt, entstehen teilweise bei Sonnenaufgang. »Und die Welt ist so friedlich«, kommentierte jemand. Seine Antwort: »Zu zweit in der Natur – und die Welt ist in Ordnung.«

Vielleicht sollte man solche versteckten Plätze wie das Kuhlenvenn ja besser für sich behalten. Aber andererseits sieht es toll aus dort. Wir haben Dieter angerufen, um zu fragen, was es da noch so gibt – außer Natur. Er lacht: »Gar nix. Da sind wirklich nur Feldwege, kein Eisstand, kein Spielplatz und keine sonstige Infrastruktur. Zwei überdachte Plattformen gibt es, wo man die Tiere beobachten kann. Wenn ich allein hinfahre, dann sitze ich da frühmorgens zwei Stunden, und alles, was ich sehe und höre, sind ein paar Gänse oder ein Bussard. Das ist unglaublich entspannend. Ich habe das auch erst mal lernen müssen, ehrlich gesagt. Aber es tut einem wirklich gut!« Manchmal tuckern sie auch mit dem Wohnmobil los, zu zweit. Dann wird in der Nähe des Wanderziels übernachtet, und um fünf Uhr früh geht es raus in die erwachende Natur, zu Kormoranen und Krickenten. Erst nach der Wanderung gibt es dann Frühstück. Für diese frühen Touren hat er auch keine Angst, dass die Erwähnung im Buch zu viel Trubel hierhin bringt, denn das ist doch eher was für Spezialisten.

Am Sonntagmittag ist sowieso schon mehr los, sagt Klaus Lütke-Sunderhaus, der für den NABU ein Auge auf das Kuhlenvenn hat. Sein Appell: nicht die Wege verlassen, auch nicht dort, wo schon Trampelpfade sind! Er hat uns auch verraten, warum es Kuhlenvenn heißt: Hier wurde nie in großem Maßstab Torf abgebaut, höchstens hat mal ein Bauer ein wenig gebuddelt, und davon sind die Kuhlen übrig geblieben. Und die Natur.

Adresse Heubach, 48653 Coesfeld | Anfahrt A 31 bis Gescher, rechts B 525, wieder rechts K 54 | Tipp Der Hof Schulze Scholle nahe der B 525 ist seit 24 Generationen (wirklich!) in der Familie und der beste Platz für Kaffee und hausgemachten Kuchen nach dem Gänsegucken.

38 Auf der Niers

Von WDR 2 Moderatorin Steffi Neu

Ein Tagesausflug an den Niederrhein. In den Kreis Kleve. An die Niers zwischen Weeze und Goch. Ein Fluss, auf dem gerade in den Sommermonaten sehr viel los ist. Wassersportler aus dem Hobbysegment: Da wird gerudert, gepaddelt und Floß gefahren. Und diese Floß-Fahrerei, das ist ein Riesenspaß. Für die Familie, den Kegelklub und Freundeskreis. Abenteuer gepaart mit Geselligkeit. Die Vorbereitung lässt schon jede WhatsApp-Gruppe auf Hochtouren laufen: »Was nehmen wir mit, wer bringt was mit, was passt da drauf, brauchen wir Klamotten zum Wechseln?« Besser ist das! Und ein Handtuch.

Dann sitzen alle gemütlich um den Tisch, einer ist zuständig für dieses lange Stock-Dings, mit dem man sich grob abstoßen kann, wenn das Gefährt mal auf Grund läuft. Oder zu nah ans Ufer kommt. Oder überhaupt mal ein bisschen vorankommen soll. Für alle nautischen Bedenkenträger: Im Lexikon steht sogar, dass »die Niers wegen ihrer geringen Tiefe auch für ungeübte Kanuten leicht zu befahren ist«. Etwa einen Meter tief ist sie. Und zwischen zehn und 15 Meter breit, Feldwege und Wiesen am Ufer, echt schön anzuschauen. Und gern winken Fahrradfahrer und Fußgänger von Weitem, wenn das Floß gemütlich vor sich hin fährt. Wir haben das damals auf meinem Junggesellinnenabschied gemacht. Zwölf Frauen, viel Bier, Schnaps, Musik und Lachen. Bei der Menge an Getränken aber auch klar, dass die erste Lady nach kurzer Zeit mal »muss«, und dann geht das Geaste los, mit dem Floss ans Ufer zu kommen. Ans unbefestigte Ufer, möglichst nah, damit man rausspringen kann, was bei leichten Gleichgewichtsstörungen im Laufe der Fahrt immer schwieriger wurde.

Das Foto entstand bei diesem Ausflug. Wer es nachmachen will: Es gibt verschiedene Anbieter in der Region, je nachdem, wo man unterwegs sein will, maximal 18 Gäste passen auf das Floß. Handwerklich Begabte können sogar ein Floß selbst bauen!

Adresse floss-fahrt.com bietet »Abenteuer auf der Niers«; kesseler-bootsverleih.de hat Floßbausätze und eine Karte, wo auch WCs für unterwegs eingezeichnet sind; niers-fahrten.de verspricht, die Gäste hinterher auch wieder abzuholen. Noch mehr Anbieter: niederrhein-tourismus.de | Tipp Keine Junggesellinnenparty in Sicht? Man kann auch Einerkajaks leihen, zwischen Viersen und Goch liegen 70 Kilometer Niers zum Paddeln und Flößen.

39_Das Freilichtmuseum

Ein Nachmittag in der guten alten Zeit

Haben Sie schon mal gebügelt? Nein, keine Hemden! Bügeln ist eine niederrheinische Version von Boule oder Boccia. Das Freilichtmuseum in Grefrath will, dass man das Leben in der Gegend kennenlernt. Dazu gehören nicht nur Schnapsbrennen und Brotbacken, sondern auch Freizeitbeschäftigungen wie eben das Bügeln.

Wie die Leute früher im Westen gelebt haben, sieht man in Grefrath zum Beispiel anhand der »Hofanlage aus Waldniel«. Sie wurde eigens hier errichtet, besteht aus Wohnung, Stall und Kutschengarage – und stammt teilweise aus der Zeit vor 1800, ein Fachwerkhaus aus Rasseln sogar aus dem 17. Jahrhundert. »Klein, aber fein«, »Ein Besuch lohnt sich immer«, »Zieht mich jedes Jahr wieder in seinen Bann«, so klingt es bei WDR 2 Raus in den Westen, wenn Besucher vom Freilichtmuseum berichten. »Der Esel heißt Jürgen«, wusste Saschko Bach zu erzählen, als er vom Fotografieren zurückkam. Wie gut der Esel darauf hört, können Sie ja selbst mal ausprobieren.

Eine typische Wasserburg gehört zum Ensemble: die Dorenburg. Es gibt Spielplätze, eine Schmiede und ein Bienenhaus. Bienen zu züchten ist ja seit einigen Jahren ein Modetrend in den Großstädten. Hier stammt das Lehrbienenhaus von 1963 und ist damit eigentlich auch schon wieder Geschichte. Besonders beliebt ist das alte Posthalterhaus, nicht weil man da so schön Briefmarken gucken kann, sondern weil darin eine Pfannkuchenbäckerei installiert ist! Noch mehr Süßes gibt es im Tante-Emma-Laden. Wie anno dazumal werden Bonbons einzeln abgezählt. Hoffentlich sind die Zahnärzte in der Gegend etwas moderner als in der guten alten Zeit.

Man kann übrigens auch Objekte spenden. Vielleicht verstaubt bei Ihnen etwas Tolles im Keller? Könnte ja sein, dass es für die Sammlung in Frage kommt. Das Museum bittet allerdings höflich darum, nicht ohne vorherige Absprache mit solchen Preziosen vor der Tür zu stehen.

Adresse Am Freilichtmuseum 1, 47929 Grefrath (Altes Navi? Dann Stadionstraße 145) | **Anfahrt** A 40 Ausfahrt Wankum oder A 61 Ausfahrt Nettetal, B 509; per Rad über die NiederRheinroute, die direkt am Museum entlangführt | **Öffnungszeiten** Di–So ab 10 Uhr (April–Okt. bis 18, Nov.–März bis 16 Uhr), zum Bügeln bitte vorher anmelden | **Tipp** WDR 2 Hörer Eckhard aus Oedt schlägt vor: Premium-Spazierweg ab Burg Uda (Kennzeichen: weißes W auf hellblauem Grund) mit Kunst, direkt an der Niers.

40 Der Strategische Bahndamm

Verspäteter Zug aus Neuss -entfällt-

Auf dem Strategischen Bahndamm fährt kein Zug. Er ist Fußgängern und Radfahrern vorbehalten. Aber ursprünglich war er schon als Eisenbahnprojekt gedacht. Anfang des 20. Jahrhunderts sollte eine Bahnverbindung geschaffen werden, um die Braunkohle und die Arbeiter aus der Region Bergheim im Rheinland zum Neusser Hafen zu schaffen. Die Strecke hätte gut in einen noch größeren Plan gepasst: die Verbindung des Ruhrgebiets mit den Industrierevieren in Luxemburg und Lothringen. Und dann war da auch noch das Militär – das Stichwort zum Weiterlesen: Schlieffen-Plan.

Nach dem Ersten Weltkrieg ging es nicht richtig weiter mit dem Bahnbau. Der Versailler Vertrag verbot die Nutzung der Strecke für Truppentransporte, die Beziehung zu den Nachbarn im Westen war frostig, mit dem Geld war es auch schwierig … spätestens Ende der 1920er Jahre wurde der Plan aufgegeben, Züge aufs Gleis zu bringen. Dabei waren schon 80 Prozent der Strecke angelegt, ein Bahndamm, Brückenköpfe, alles war da! Mangels Zügen durften von da an Schafe die Beinahe-Bahnstrecke nutzen – als Weide. Zehn Kilometer zwischen Rommerskirchen und Neuss-Holzheim sind übrig geblieben – mit Anschluss an die Museumsinsel Hombroich. Statt Kohle und Soldaten bewegen sich heute die Ausflügler darauf. Offiziell ist er größtenteils ein Forstweg. Wegen des Naturschutzes wird auch keine Asphaltdecke verlegt, die Oberfläche wurde aber so instand gesetzt, dass man vernünftig wandern und radeln kann.

Viele alte Bahntrassen im Westen sind zu tollen Radstrecken geworden. Nie zu steil, mit bequemen Kurvenradien und in diesem Fall mit »Landschaftsfenstern« versehen, zum Gucken. Für die Rast unterwegs empfiehlt WDR 2 Hörerin Conny das Kloster Langwaden. Ein Biergarten steht für die körperliche Erholung zur Verfügung – für die innere Einkehr frage man vor Ort nach.

Adresse ab Bahnhof Rommerskirchen über die Gleise nördlich nach Butzheim, links auf die Wyckgasse, nach 500 Metern rechts auf den Bahndamm. Von Neuss aus: Hinter Holzheim, zwischen Museumsinsel und Helpenstein, beginnt der Bahndamm. Das Kloster Langwaden liegt vom Weg aus hinter Hülchrath (Biergarten offen Di–So), Klosterführungen: Tel. 02182/88020 | Tipp Das »Museum der Niederrheinischen Seele« residiert in der Villa Erckens im Grevenbroicher Stadtpark.

41 Die LAGA-Tour

Perlen im Grenzgebiet

»Das werde ich mal ausprobieren!« Wenn dieser Satz unter einem Tourentipp bei WDR 2 Raus in den Westen steht, kann man sich zurücklehnen: Mission erfüllt. WDR 2 Hörerin Susanne aus Bochum hat das mit ihrer Tour von Gronau aus erreicht.

Gronau im Münsterland, der Geburtsort von Udo Lindenberg, ist mit dem »rock'n'popmuseum« und vielen Jazz-Events vor allem ein Ziel für Musikfans. »Sehr interessante Reise durch die Musikwelt und durch das eigene Leben, welche Musik man gehört hat«, meinte Irene aus Krefeld, nachdem sie im Museum war.

Susanne schlägt etwas anderes vor: Im Sommer 2003 fand in der Stadt die Landesgartenschau statt, veranstaltet gemeinsam mit Losser, dem niederländischen Nachbarort. Zum ersten Mal gab es nicht einfach ein Gelände, sondern jenseits der Grenze noch einmal zwölf weitere Anlaufpunkte (»Perlen«), zum Beispiel ein »Openluchttheater«. Es kamen viel mehr Besucher als erwartet, eine davon war Susanne. Sie besucht Gronau bis heute regelmäßig und schreibt, das LAGA-Gelände sei immer noch toll und werde nach wie vor in Schuss gehalten. »Von der Pyramide aus kann man über die ganze Stadt sehen.«

Durch den Park fließt die Dinkel. Hier beginnt ihre Runde, am Fluss entlang Richtung Overdinkel. »Man wechselt zwischen Stadt, Feld und Wald.« Etwa an der Grenze sollte man sich rechts halten, wenn man beim »Tuincentrum« Blumen kaufen möchte, dann geht es weiter Richtung Losser. Das Städtchen bietet sich mit Shops und Cafés für eine Rast an. Für den Rückweg nach Gronau orientiert sich Susanne etwas weiter westlich und steuert Glane an, dann geht es weiter nach Glanerbrug und von dort aus wieder nach Nordrhein-Westfalen. Störche, Sonnenblumen und Kühe haben wir in ihrem Fotoalbum gefunden. Wer die 13 Kilometer mit Kindern zurückgelegt hat, kann zur Belohnung noch mal zur LAGA: Der Wasserspielplatz ist nach so einem Tag der perfekte Abschluss.

Adresse Parkplatz am Bahnhof, Zollstraße, 48599 Gronau | Anfahrt A 31 und B 54 oder per Regionalbahn aus Dortmund/Münster | Tipp Der Dreiländersee im Dreieck Nordrhein-Westfalen–Niederlande–Niedersachsen ist gleich nebenan. Strand, Camping und günstiger Kaffee im Supermarkt hinter der Grenze – komplettes Reisefeeling ohne weite Reise.

42 Das Dorf und Grube 7

Baumelnde Seelen, selige Bäume

»Herzlich willkommen in unserer Kirche im Dorf, die wir gern für Sie heizen. Bitte schließen Sie die weiße Tür wieder, damit wir nicht das ganze Dorf heizen.« WDR 2 Hörerin Claudia aus Recklinghausen ist auf dieses Schild gestoßen, als sie die Dorfkirche von Gruiten im Bergischen Land besichtigte. Das hübsche kleine Gebäude liegt am Rand der hübschen kleinen Altstadt mit ihren vielen Fachwerkhäuschen, und wenn so viele Kommentatoren schreiben, dort sei offensichtlich die Zeit stehen geblieben, dann ist das wahrscheinlich einfach so. Gruiten-Dorf gehört zu Haan. Dort spricht man von »Gruiten, wo die Hühner mit de Fötte tüten«, und meint: Da ist ein Hühnerpups schon eine Nachricht, da ist nix los. Ein idealer Ort also, um mal die Seele baumeln zu lassen, einfach einen Spaziergang in schöner Umgebung zu machen und dann – vielleicht – noch an einem Cafétisch eine kleine Wanderung durch die umliegende Natur zu planen.

Dazu gäbe es Möglichkeiten … zum Beispiel liegt gleich ums Eck die Grube 7. Das ist ein ehemaliger Kalksteinbruch, den sich Bäume und Tiere während der letzten 50 Jahre zurückerobern durften. Früher war es nicht so ruhig. Der Dolomit, aus dem die Felsen bestehen, wurde zu Kalk für die Industrie und die Landwirtschaft verarbeitet, teilweise auch zum Hausbau verwendet. Das Wappen von Gruiten zeigt ein Stück Felswand und eine Spitzhacke, der Kalkabbau war ein wichtiger Wirtschaftsfaktor. Seit die Grube zu ist, ist ein Idyll daraus geworden.

Durch das Dorf schlängelt sich die Düssel nach Westen. Wenn man diesem kleinen Fluss folgt, gelangt man ins Neandertal. Ein Wildgehege und natürlich das Museum für unsere Vettern in der Menschheitsgeschichte liegen auf dem Weg. Die Wanderroute Neanderlandsteig führt da entlang.

Zu aufregend? Bleiben Sie im Dorf. Und parken Sie an der Grube 7, nicht zwischen den Anwohnern. Dann können die auch ihre Seele baumeln lassen.

Adresse Am Steinbruch, 42781 Haan | Anfahrt RB ab Bonn/Köln, S-Bahn ab Mönchengladbach und Wuppertal bis Haan-Gruiten, weiter per Bus ins Dorf; A 46 bis Haan-Ost, Gruitener Straße bis Gruiten-Dorf, Karten zum Wandern: neanderlandsteig.de | Tipp Düssel gibt es auch als Dorf! Es ist ein Ortsteil von Wülfrath, keine fünf Kilometer nördlich von Gruiten.

43__Der Hengsteysee

Seeumrundung im Drei-Städte-Eck

Hengstey war ein Örtchen an der Ruhr, bis vor hundert Jahren ein See aufgestaut wurde. Heute ist es ein Teil von Hagen, der See ein tolles Ausflugsziel und die Runde um den Hengsteysee einer der WDR 2 Gruppen-Hits.

Beginnen wir an der Brücke bei Herdecke. Als Erstes erreicht man von hier das Koepchenwerk, ein altes Pumpspeicherkraftwerk. Nachts wurde Wasser mit Pumpen in das Speicherbecken oberhalb gepumpt. Tagsüber, wenn der Strombedarf höher war, ließ man es wieder hinunterrauschen, um eine Turbine anzutreiben. Heute ist es nicht mehr in Betrieb, aber zu besichtigen. WDR 2 Hörerin Para de Rolle (Künstlername?) kam in den Genuss einer Führung, »gegen Spende! Für so ein Erlebnis gebe ich gern.«

Nächster Halt: das Seeschlösschen mit dem vorgelagerten Mäuseturm. Dieser Turm gehörte vor der Stauung zu einer Brücke über die Ruhr, die ebenso im Wasser versunken ist wie das alte Schloss Niedernhofen weiter südlich. Weiter geht's, wir kommen auf Dortmunder Gebiet. Kurz vor der Lennemündung thront die Burgruine Hohensyburg über dem See. Brueh aus Dortmund notiert: »An der Ruine ist ein kleiner Kiosk mir sehr moderaten Preisen für Kaffee und Kuchen. Unterhalb vom Kaiser-Wilhelm-Denkmal kann man auf den Hengsteysee schauern und die Flussmündung der Lenne sehen.« Susanne aus Unna war mit Hund da: »Es gibt Einkehrmöglichkeit und Parkbänke … traumhaft.« Thomas aus Huckarde ergänzt eine Erinnerung: »In den 1980er Jahren sind wir oft nachts mit unseren Mädels dahin.«

Wir wollen gar nicht so genau wissen, was sie da gemacht haben, und setzen unsere Runde fort, über die Brücke und am Biker-Treff vorbei. Jetzt sind wir auf Hagener Gebiet und radeln nach Südwesten: »Ein schöner Weg, aufgeteilt für Radfahrer und Wandervögel. Kurz vor Ende ein Baum in der Mitte des Weges … war schon überraschend!« Wir hoffen, Jürgen aus Dortmund ist nichts passiert.

Adresse Parkplatz am Laufwasserkraftwerk, Seestraße, 58089 Hagen; Koepchenwerk, Im Schiffwinkel 43, 58313 Herdecke, Besucherinfo Tel. 0231/93112233; Burgruine, Hohensyburgstraße 202, 44265 Dortmund | Anfahrt A 1 Ausfahrt Hagen-Nord | Tipp Das Hagener Bunkermuseum zeigt in einem Schutzbunker von 1940 eine Ausstellung zum Zivilschutz im Zweiten Weltkrieg.

44 Das Schloss Tatenhausen

Von Gräften und Düften

Ein Spaziergang rund um das Schloss Tatenhausen in Ostwestfalen ist der Tipp von WDR 2 Hörerin Susanne aus Versmold. Ein hübsches Ausflugsziel: Weserrenaissance, vor bald 500 Jahren als Wasserschloss errichtet und im Laufe der Zeit um Orangerie und Badehaus erweitert. Rein kann man nur, wenn man sich vorher um eine Führung gekümmert hat. Aber es ist auch von außen schön. Beweis: die Hochzeitspaare, die sich hier gern fotografieren lassen. Neben dem Schloss befindet sich der Tatenhauser Wald. Dort leben mehrere Fledermausarten, Schwarzspechte und Eisvögel. Hungrige Ausflügler bedient der Gasthof Tatenhausen gleich gegenüber.

Die ideale Ergänzung dazu stammt von Christian aus Haltern: Schloss Holtfeld in Borgholzhausen. Ebenfalls ein Wasserschloss, aus derselben Epoche und nur vier Kilometer über die Route »Gräftenwanderung« entfernt. Gräften nennt man im Westfälischen die Wassergräben der Schlösser. Die Gräftenwanderung beschreibt eine Runde vom Bahnhof Halle zu den Schlössern und wieder in die Stadt.

Eine zweite Möglichkeit, nach Tatenhausen zu gelangen, ist per Rad von Osnabrück oder Paderborn aus. Die Rad-Route Teuto-Senne passiert das Schloss. Sie ist so angelegt, dass man immer wieder an Bahnhöfen vorbeiradelt und sich so das Tagespensum offenhalten kann.

Wer noch nie in Halle war: Es ist nicht nur sehenswert, sondern duftet manchmal auch gut. Nadine wohnt da und erwähnt die Bonbonfabrik: »Manchmal riecht die ganze Stadt nach Vanille und gefährdet sämtliche Diätpläne.« Antworten von Leidensgenossinnen im ganzen Westen kamen ganz schnell. Sabrina: »Willkommen, ich arbeite in der Nähe von DeBeukelaer, die mit der Prinzenrolle, das ist geruchstechnisch auch nicht viel besser zur Mittagszeit.« – Britta: »Liebe Grüße aus Bielefeld. Bei uns riecht es nach Pudding.« – Rebecca: »Ich wohne in Duisburg. Riecht aber leider nicht nach Bier.«

Adresse Schloss Tatenhausen, Schloßweg 2, 33790 Halle; Schloss Holtfeld, Schloßallee 2, 33829 Borgholzhausen; Kontakt Schloss Tatenhausen: Baronin Birgit Teuffel von Birkensee, Tel. 05201/3224 | **Anfahrt** A 33 Ausfahrt Halle, dann Richtung Bokel und Hörste | **Tipp** Schloss Tatenhausen war 2019 ein Drehort für den Kinofilm »Lassie«. Wer den Kindern vorher den Film zeigt, kriegt sie vielleicht besser zum Wandern.

45 Jupps Biergarten

Romantikfässer, die Möwe und Baum 17

Jemand suchte über WDR 2 Raus in den Westen einen »romantischen Ausflug im Ruhrgebiet«. Vorgeschlagen wurden mehrere Seeufer, das Fördergerüst der Zeche Zollverein (Schacht 3/7/10) und schließlich, sehr überzeugt, von WDR 2 Hörerin Jess: »Haltern am See, Jupps Biergarten, definitiv an Romantik kaum zu überbieten.«

Dieser Biergarten ist wirklich eine Institution. Die 4.000 Quadratmeter am Südufer des Stausees wurden schon mehrmals zum besten Biergarten Deutschlands gewählt. Gegen ausschließlich bayerische Konkurrenz! Aber Romantik? Nachfrage bei Jess, die sofort antwortet: »Wo kann man sonst ganz allein in einem riesigen Fass sitzen und den Sonnenuntergang überm See beobachten? Man kann sich auf der Möwe auf dem See trauen lassen und dort dann feiern. Was könnte romantischer sein?«

Die »Möwe« ist ein Ausflugsdampfer, der etwas nach Pommesbude riecht, weil er mit Rapsöl betrieben wird, und der in einer Stunde um den See fährt. Ein Landungssteg ist gleich beim Biergarten. Von April bis Oktober verkehrt das immerhin 70 Jahre alte Schiff regelmäßig, wer darauf heiraten möchte, muss sich aber vorher beim Standesamt melden.

Eine Wander- oder Radtour rund um den See bietet sich an, wenn man schon mal da ist. Auch das geht mit Romantikfaktor: am Westuferpark, wo man eine jährlich länger werdende »Hochzeitsallee« durchschreitet. Liebespaare aller Altersgruppen pflanzen hier seit vielen Jahren Bäume. Vielleicht inspiriert das?

Wieder beim Biergarten angekommen, bleiben zwei Fragen: Wer war eigentlich Jupp? Das ist einfach: der Großvater der jetzigen Betreiberin, der 1948 hier mit einer Würstchenbude begann. Und zweitens: Wo kann man hier mal … ? Die Antwort von Jupp war damals: »Bei Baum 17!« (heißt: dahinten irgendwo im Gebüsch). Die Antwort gilt heute noch, aber Baum 17 ist jetzt in die moderne Herrentoilette integriert.

Adresse Hullerner Straße 107, 45721 Haltern am See | **Anfahrt** ab Haltern Bus 272 bis Seehof; B 58 zwischen Haltern und Hullern, Parkplatz beim Klettergarten | **Öffnungszeiten** »bei schönem Wetter immer« | **Tipp** Vor 2.000 Jahren war in Haltern ein römisches Lager. Das Römermuseum in Haltern zeigt Fundstücke aus dieser Zeit und gibt Einblicke, wie es damals zuging.

46 Der Elefant und das Schmetterlingshaus

Ein zoomorphes Gebäude und viele filigrane Tiere

Wieso ist Hamm im östlichen Ruhrgebiet die Stadt der Elefanten? Die Frage kam im Kommentarbereich der WDR 2 Raus in den Westen-Gruppe auf, deswegen eine kurze Erklärung: Im Jahr 1984 durfte Hamm die Landesgartenschau veranstalten. Dazu wurde ein brachliegendes ehemaliges Zechengelände als Park hergerichtet. Ein großer Betonklotz, das frühere Kohlenwäsche-Gebäude, wurde vom Künstler Horst Rellecke in einen Elefanten verwandelt. Eine Schmalseite bekam einen Glaskopf verpasst, komplett mit Rüssel, in dem ein Aufzug installiert wurde. Hinten das Treppenhaus als Schwanz, fertig war die begehbare Plastik, 35 Meter hoch.

Aber es hätte ja auch ein anderes Tier werden können, oder? Das haben wir dann einfach mal Herrn Rellecke gefragt. Er erzählt, dass er sich vorher schon viel mit »zoomorpher« Architektur, also Häusern in Tierform, beschäftigt hatte. Dann stand er in Hamm vor dem alten Betongebäude, und jemand fragte, was man damit wohl für die Gartenschau anstellen sollte. »Hm, groß und grau ist es ja schon«, dachte Rellecke laut. Das war der Moment, in dem der Elefant geboren wurde.

Jetzt aber zu den Schmetterlingen. Das Foto rechts, ein Malachitfalter, stammt von WDR 2 Hörer Andreas Dengs. Im Schmetterlingshaus, mitten im Park, kann man zwischen frei fliegenden Schmetterlingen stehen und, wenn sie mal stillhalten, auch welche fotografieren. Manche der 80 tropischen Arten werden handtellergroß. Sie werden nicht wild gefangen, sondern gezüchtet, hier leben sie bei 26 °C Raumtemperatur. Der Maxipark legt Wert auf die Feststellung: »In unserem Schmetterlingshaus leben die Schmetterlinge länger als in der freien Natur, weil sie keine natürlichen Feinde haben.« Das gilt natürlich nur, wenn alle vorsichtig sind. Also bitte nicht drauftreten – Schmetterlinge sind nicht so haltbar wie Elefanten. Dafür aber bunter!

Adresse Maximilianpark, Alter Grenzweg 2, 59071 Hamm | Anfahrt ab Bahnhof Hamm die Buslinien 1, 3, 6, 28, 33 Richtung Werries bis »Maximilianpark« | Öffnungszeiten Park täglich 10–19 Uhr, das Schmetterlingshaus ist im Winter zu; Infos, auch zu Tickets: maximilianpark.de | Tipp Fahrradtour zum Wasserschloss Oberwerries. Über die Lippe geht es mit einer Fähre, die man selbst ans andere Ufer zieht.

47 Die Henrichshütte

Die Schöne und das Biest

Die Altstadt von Hattingen ist ein Hingucker. Viel Fachwerk, Schieferfassaden, spitze Giebel, die »schönste Altstadt des Ruhrgebiets!« (WDR-Kollege Jürgen Mayer). Kein Wunder, dass sich hier viele Wochenendbummler wohlfühlen. Die Henrichshütte bietet dagegen Pott-Nostalgie, und die kann gar nicht rostig und kaputt genug sein. WDR 2 Hörer Oliver aus Essen bemerkt zu seiner Fotostrecke von dort: »Tolle Industriekulisse. Da krich ich die Augen gar nich von wech!«

Die Hütte war seit 1854 ein Standort der Eisen- und Stahlindustrie, in den 1970er Jahren Arbeitsplatz für fast 9.000 Menschen, ab 1987 endete der Betrieb. Gegen die Schließung formierte sich damals ein breiter Protest. Demos und sogar ein Hungerstreik der Frauen sorgten für Aufmerksamkeit. Das verhinderte nicht das Ende der Produktion, aber zumindest wurden »sozialverträgliche Lösungen« gefunden.

Heute ist aus den trutzigen Anlagen ein Industriemuseum geworden. Zu besichtigen ist beispielsweise der gigantische Hochofen, bei Führungen erfährt man viel über die Arbeit im Werk, es gibt auch spezielle Touren, die sich mit der Pflanzenwelt beschäftigen, die sich auf solchen Industriebrachen ausbreitet.

Nicht allen gefällt, was sie sehen. Jemand kritisierte, das sei doch alles ziemlich alt und heruntergekommen. Tatsächlich ist da viel Rost, archaische Kessel, Röhren und Maschinen … aber das ist genau so gewollt, inklusive der Pflanzen, die sich ihren Raum zurückerobern. Idyllisch oder clean war es hier nie. Die Arbeit war hart und dreckig, mit Schichten, die teilweise 16 Stunden dauerten. Die Henrichshütte war ein riesiger, brutaler Maschinenraum, in dem Arbeiter malochten. Davon bekommt man hier eine Vorstellung.

WDR 2 Hörerin Sabine aus Hattingen hat noch einen Tipp für alle, die auch Romantik in dieser Vergangenheit sehen: »Im Übergabeturm kann man heiraten. Wir haben es gemacht, und es war toll!«

Adresse LWL-Museum Henrichshütte, Werkstraße 31–33, 45527 Hattingen | Anfahrt Buslinien SB 37, 38 und andere; A 43 bis Witten-Herbede, Richtung Hattingen und den Schildern »LWL-Industriemuseum« folgen | Öffnungszeiten Di–So 10–18 Uhr | Tipp Einmal fragte die WDR 2 Redaktion in der Gruppe nach Weihnachtsmarkt-Tipps. 99 Antworten, 111 Märkte – nur der Hattinger Markt wurde doppelt genannt. Scheint gut zu sein!

48 Neun Heidelandschaften

Eine kleine Auswahl – alphabetisch sortiert

Heidelandschaften gibt es im Westen an vielen Stellen. Es sind oft ehemalige Wälder, in die der Mensch irgendwann seine Nutztiere brachte, um sie weiden zu lassen. Nach einer Weile war dann von den Bäumen nicht mehr viel übrig. Heidekraut und andere nicht so hoch wachsende Pflanzen breiteten sich aus. Wenn die Heide blüht, begeistert sie besonders viele Ausflügler, aber auch Herbstspaziergänge sind super. Neun Ziele, die bei WDR 2 Raus in den Westen empfohlen worden sind:

Die Drover Heide liegt bei Düren im Rheinland. Gut ausgeschilderte Rundwege führen hindurch, einer sei sogar komplett barrierefrei, wird berichtet. Eichen, Birken, Froschtümpel und zottelige braune Rinder sorgen für Abwechslung.

Die Kirchheller Heide ist in Bottrop im Ruhrgebiet. Dazu gehört eine naturpädagogische Station mit Waldspielplatz und der Heidesee. In ihm darf man aus Naturschutzgründen nicht baden, denn er beherbergt seltene Armleuchteralgen (kein Witz!). Ein Weg führt rundherum. Am Ufer sitzen oft Mitglieder des örtlichen Angelvereins und warten auf einen Hecht. Auch sie sollte man nicht stören.

Für die Ohligser Heide im Bergischen findet sich bei WDR 2 Raus in den Westen der Hinweis für Hundebesitzer: Leinenpflicht – »das Ordnungsamt hat da eine Zweigstelle und kassiert horrende Summen«. Das Naherholungsgebiet bei Solingen eignet sich gut zum Radeln, Spazieren und Baden – es gibt nämlich ein Freibad.

Am westlichsten Punkt Deutschlands, im Grenzgebiet zu den Niederlanden, ist der Heide-Naturpark Rode Beek, auf Deutsch Rodebach. Nur ein Stückchen südlich, bei Geilenkirchen, locken die Rundwege der Teverener Heide. Verflixt, kein Platz mehr! Die Trupbacher Heide liegt bei Siegen. Achten Sie auf Schmetterlinge! Die Venlose Heide gehört zu Venlo (Niederlande). In die Westruper Heide kommt man schnell von Haltern am See aus. Und in der Wahner Heide, bei Köln, gibt es eine Herde Esel!

Anfahrt Drover Heide: A 4 Düren, B 56 nach Süden; Kirchheller Heide: A 31 Bottrop-Kirchhellen, dann nach Westen; Ohligser Heide: A 3 bis Solingen, dann B 229 und nach Norden; Rode Beek: A 46 und B 56, bis es nicht weiter geht; Teverener Heide: westlich von Geilenkirchen; Trupbacher Heide: A 45 bis Freudenberg; Venlose: A 40 bis Grenze; Westruper Heide: A 43 Kreuz Marl-Nord; Wahner Heide: Köln-Flughafen | **Tipp** Ganz frühmorgens in die Heide! Die Belohnung: wunderschöne Fotos und herrliche Ruhe.

49__Die Grube Wohlfahrt

Kölnisch Blei aus dem Eifelberg

Bewetterung, Tiefbausohle, Erzgang ... die Sprache der Bergleute wimmelt von Fachbegriffen. Sie einfach nur zu lesen, löst nicht viel aus. Wer aber tief in einem dunklen Stollen steht, fröstelnd in einer geliehenen Jacke an einem eigentlich heißen Sommertag, bekommt einen anderen Bezug zum alltäglichen Arbeitsleben in unserer Region während der vergangenen paar hundert Jahre. Bei Rescheid in der Eifel liegt die Grube Wohlfahrt, dort geht das.

Schon vor bald fünfhundert Jahren existierte hier ein Blei-Erz-Bergwerk. Lange vorher hatten die Bewohner der Gegend bereits das zutage gefördert, was man direkt von der Oberfläche aus ohne große Technik erreichen konnte. Davon sieht man heute noch Spuren im Gelände. Als der Abbau aber weiter in den Berg vordrang, wurde es schwieriger. Zum waagerecht führenden Stollen, in dem die Bergmänner schufteten, kamen senkrechte Löcher von oben, die Luft hereinlassen sollten. Unten musste Wasser aus dem Gang ablaufen können. Das Blei aus Rescheid war begehrt, weil es sehr rein war. Die Töpferorte in der Nähe brauchten es für Glasuren. Gehandelt wurde es in Köln, daher die Bezeichnung »Kölnisch Blei«.

Wenn man heute im Stollen steht, kommt Respekt auf vor der Leistung der Menschen damals, nicht nur was die körperliche Arbeit mit Hacke und Schaufel betrifft, sondern auch für die präzisen Pläne und die technischen Lösungen. Besucher können 900 Meter weit geradeaus in den Berg hineingehen – nachdem sie sich vorher in der »Kaue« mit einem Helm ausgestattet haben. Dass man unterwegs auch noch an antiken Graffiti und Versteinerungen vorbeikommt, setzt noch eins drauf.

Die oben erwähnten Fachbegriffe wie Bewetterung oder Erzgang bekommen tief im Berg greifbare Bedeutung. Der schmale »Tiefe Stollen« ist eine eindrucksvolle Anlage, spätestens wenn die ganze Besuchergruppe für einen stillen Moment die Lampen ausschaltet.

Adresse Grube Wohlfahrt, Aufbereitung II Nr. 1, 53940 Hellenthal-Rescheid | Anfahrt A 1 bis Blankenheim, B 51 bis Dahlemer Binz, dann Richtung Udenbreth, bis hinter Neuhaus der Hinweis »Besucherbergwerk« kommt | Öffnungszeiten Führungen täglich um 11, 14 und 15.30 Uhr, warme Jacke nicht vergessen! | Tipp Auf der Burg in Reifferscheid wohnte die Adelsfamilie, die im 16. Jahrhundert die tiefen Stollen anlegen ließ. Ein netter Abstecher.

50 Das Felsenmeer

Die gezähmte Kletterschlucht

Erst war es ein Meer. Flach und warm. Korallen gediehen viele tausend Jahre lang. Aus den Korallen wurden Kalkfelsen, das war vor 385 Millionen Jahren. In den Kalkfelsen entstanden Höhlen. Später brachte die Evolution den Menschen hervor, und der schürfte hier nach Eisenerz. Als nichts mehr zu holen war, wuchs ein Buchenwald über den Schächten und Löchern. So weit die kurze Geschichte des Felsenmeers bei Hemer im Sauerland.

Heute führen Stege und Wege durch das 700 Meter lange Gebiet, von einer barrierefreien Brücke aus kann man das Felsenmeer überblicken. Die Wege dürfen allerdings nicht verlassen werden. Das war früher anders: Fabian Raphael aus dem WDR 2 Morgenmagazin-Team erinnert sich an seine Kindheit. Damals picknickten Familien auf und zwischen den Felsen, und die Kinder durften überall herumklettern. Aber wahrscheinlich war das weder der Gesundheit der Kinder noch der Natur zuträglich. Jetzt folgt man den Schildern »Panoramaweg« und erwischt so ohne Absturzgefahr die schönsten Stellen.

Direkt nebenan ist die Heinrichshöhle. Dort kann man sich nach Führungen fürs Felsenmeer erkundigen – und natürlich auch gleich die Höhle besichtigen, in der früher Höhlenbären und andere Eiszeittiere gehaust haben. Gefährlich ist es heute nicht mehr, aber kalt und glitschig, also bitte entsprechend anziehen. Ein Stück entfernt, in der Hönnetalstraße, gibt es in einer alten Villa ein Felsenmeer-Museum.

Falls das allein den Tag noch nicht füllt, empfehlen viele, den Besuch mit einem Abstecher zum Sauerlandpark zu verbinden. Dann lohnt sich die Anreise bestimmt. Der Freizeitpark liegt ganz in der Nähe und bietet Spiel- und Sportplätze, außerdem eine Menge für Gartenfans sowie, das soll nicht vergessen werden, ein Infozentrum zur Vergangenheit des Ortes als »vermutlich größtes Kriegsgefangenenstammlager des Dritten Reiches«, wie die Homepage erzählt.

Adresse Felsenmeerstraße 7, 58675 Hemer | **Anfahrt** ab Iserlohn Buslinie 1 oder S 4 bis Hemer, dann Linie 2 bis Sundwig Meise; A 46 Iserlohn, B 7 nach Hemer | **Tipp** In der Balver Höhle, 15 Kilometer entfernt, werden Feste und Events veranstaltet. Die Fantastischen Vier haben ihre Unplugged-Konzerte hier gespielt. Auf balver-hoehle.de gibt es aktuelle Termine.

51 Der Bahnhof Hüinghausen

Wieder mit Gleisanschluss

Fast 60.000 Kilometer Schienennetz gab es in Deutschland zu Beginn des Ersten Weltkriegs – 20.000 mehr als heute. Als 1915 der Bahnhof Hüinghausen im Sauerland feierlich eröffnet wurde, endete der Boom der Bahnbauer gerade. Der Krieg und seine Folgen hatten auch Auswirkungen auf das Bahnnetz. Und auch in Zeiten ohne Krieg und Krisen baute die Bahn in Deutschland Infrastruktur ab. In den 1960er Jahren verloren viele kleinere Orte ihren Gleisanschluss – einer der Bahnhöfe, die damals plötzlich ohne Züge dastanden, war Herscheid-Hüinghausen.

Um das hübsche alte Gebäude und die ungenutzten Trassen wieder zu beleben, übernahm 1984 ein Verein den Bahnhof. Auf gut zwei Kilometer Länge wurden Gleise verlegt – in Schmalspur 1.000 Millimeter, denn dafür fanden sich alte Loks und Waggons –, und eine Museums-Eisenbahn ging in Betrieb. Sie fährt nicht jeden Tag, sondern nur an bestimmten Wochenenden von Mai bis Nikolaus.

Am Bahnhof mal vorbeischauen und ein bisschen Eisenbahnluft schnuppern – geht immer. WDR 2 Hörer Sebastian aus Lüdenscheid nutzt die schöne Kulisse gern für Fotoshootings, wie er schreibt. Einige der Triebwagen stehen im Freien, zum Teil sind sie malerisch verwittert. An den Fahrtagen ist auch das Café mit Biergarten geöffnet, der kleine Souvenirshop und selbstverständlich der historische Ticketschalter. Ein Hinweis an WDR 2 Raus in den Westen kam von Christiane aus Plettenberg: »Zeitweise gibt es besondere Aktionen.« Als sie da war, war »Blaulicht-Tag« mit alten Feuerwehrautos. Auf der Vereins-Homepage erfährt man Näheres. Die hundert Jahre alte Dampflok, die den Museumszug zieht, stand schon als Denkmal auf einem Sockel, bevor sie restauriert wurde. Jetzt dampft sie wieder, Gott sei Dank!

Übrigens reaktiviert die Bahn seit Kurzem stillgelegte Strecken. Wer weiß, vielleicht liegen ja auch irgendwann wieder Gleise in Normalspur in Hüinghausen.

Adresse Elsetalstraße 46, 58849 Herscheid-Hüinghausen, sauerlaender-kleinbahn.de | Anfahrt Bahn? Nee, aber ab Lüdenscheid oder Plettenberg fährt die Buslinie 54; A 45 bis Lüdenscheid-Süd | Tipp Der hohe Berg südlich von Herscheid heißt Nordhelle. Obendrauf steht ein WDR-Sendeturm, der unter anderem WDR 2 und Fernsehen ausstrahlt – schönes Wanderziel mit Gasthaus am Gipfel.

52 Die Lavendelfelder

Petite Provence in Fromhausen

»So wichtig kann kein Instagram-Foto sein!«, »Bitte nicht kaputt trampeln!«, Aufregung in der WDR 2 Facebook-Gruppe. Was war passiert? Wie es scheint, üben die Lavendelfelder in Fromhausen in Lippe auf manche eine so hypnotische Anziehung aus, dass sie alles vergessen und sich mittenrein legen. Das sollte man natürlich bleiben lassen – aber es ist schon verführerisch. Ein Hersteller von Duftölen aus Detmold hat 2015 das Lavendelfeld gesät, und inzwischen sind die Pflanzen ein Fotospot und Ausflugsziel für Hunderte.

Das Feld war ein Versuch und wurde zunächst belächelt: Lavendel im Lipperland? Aber als die Pflanzen gut wuchsen, sah es auf einmal so schön aus, dass im Sommer Fromhausen-Fotos mit dem Hashtag #FeelLavendel die Social-Media-Welt erobern.

Der Lavendelanbauer selbst sieht das Treiben gelassen. Es gibt jetzt eine Foto-Zone im Feld, wo man tatsächlich Bilder mitten zwischen den Pflanzen knipsen kann. Sie ist mit einer Kordel abgesperrt, die Pflanzen dort werden nicht geerntet. Eigentlich ist das Feld ja eine Nutzfläche. Die Blüten werden zu ätherischem Öl gemacht, das man in der Saison auch direkt am Feldrand kaufen kann, aus einem stylishen Lavendelmobil. Dort gibt es auch kleine Pflänzchen für den eigenen Garten.

Selbstverständlich duftet es auch prima. WDR 2 Hörer Martin aus Hagen mutmaßt: »Da wird man bestimmt ganz ruhig und entspannt vor lauter Aroma.« Da hat er wohl recht, es gibt nämlich auch Sundown-Yoga direkt am Feldrand! Duft, Sonnenuntergang und der Anblick von sechs Hektar Demeter-Lavendelblüten sollten wohl einen guten Entspannungseffekt haben. Weil es so gut klappt, erweitern die Macher ihre Felder jetzt nach Lage. Mehr Lavendel, mehr Bilder … mit dem Fototipp hat eine der WDR 2 Facebookerinnen ihre Freundin angestupst: »Und du fährst extra bis nach Valensole!« Nein, in den Süden muss man wirklich nicht. Der Nordosten vom Westen reicht.

Adresse Fromhauser Straße, 32805 Horn-Bad Meinberg, ab hier zu Fuß, bitte Rücksicht beim Parken! | Anfahrt ab Detmold oder Bad Meinberg Bus 782 bis Fromhausen | Öffnungszeiten Zeit: Lavendelblüte ist im Hochsommer, die beste Fotozeit ist Sonnenuntergang | Tipp Von den Lavendelfeldern sind es nur drei Kilometer bis zu den Externsteinen, die ebenfalls sehr fotogen sind.

53 Simonskall und Umgebung

Bäume, Bunker, Bikes und Biber

Siegfried-Linie. So nannten die amerikanischen Soldaten das, was bei den Deutschen im Zweiten Weltkrieg »Westwall« hieß: die Verteidigungsanlage gegen eine Invasion. Im Oktober 1944 versuchte die US Army, mit Panzern durch den Hürtgenwald in Richtung Rhein vorzudringen. In dem schwierigen Gelände kamen die Soldaten aber schnell ins Stocken. Aus Bunkern schossen die Deutschen. Die Front saß fest, bis Mitte Februar 1945 wurde gekämpft. In einer WDR-Doku zum Thema kommt ein alter Mann zu Wort, der damals GI war. Er verdammt Krieg und Nationalismus und sagt: »Wir sind alle Menschen auf dieser schönen Erde, die unser Paradies ist.«

Immer noch sind Spuren des Kriegs im Hürtgenwald zu finden, zum Beispiel die »Drachenzähne« (das sind die Panzersperren aus Beton) und die Bunker. Es führen auch Fußtouren hin. »Westwall-Wanderweg, zwei Stunden, 700 Kalorien«, bilanziert einer bei WDR 2 Raus in den Westen seinen Nachmittag. Wer zum Beispiel in Simonskall startet, kann die 700 Kalorien aber leicht ersetzen. Lokale wie die urige Talschenke helfen müden Wanderern auf die Beine. Tipp für Mountain Biker: der MTB-Park Hürtgenwald, gleich nördlich von Simonskall. Ein Shuttlebus fährt den Berg hoch, den man sich dann per Rad wieder runterstürzen kann. Ein kleines Stück östlich, am Bach im Wald in Richtung Mestrenger Mühle, baut der Biber seine Burg.

Das Kallbachtal bietet viel. Wer eine große Wanderung machen möchte, nimmt sich ein Beispiel an Saschko, unserem Fotografen. Der Bunker auf dem Bild hatte sich nämlich in dichtem Grün versteckt. Saschko lief vorbei. Er stieg einen Berg hinauf und fragte Wanderer, die aber auch nix wussten. Er kletterte weiter, kein Bunker. Er verfluchte den Autor dieser Zeilen, der ihn hergelotst hatte. Irgendwann gab er auf und stand, fast schon wieder am Parkplatz, plötzlich doch vor dem Bunker. Jetzt kennt er die Gegend – ist doch auch was!

Adresse Parkplatz Kallweg, 52393 Hürtgenwald-Simonskall; MTB-Park: Simonskaller Straße | Anfahrt ab Düren über die B 399 bis Simonskall | Tipp Wer Munitionsreste, Handgranaten oder Ähnliches aus dem Krieg findet, sollte sie auf keinen Fall anfassen, sondern die Behörden informieren. Sie können immer noch explodieren.

54 Schloss Dyck und zurück

Einkaufsliste: Brot, Ziegenkäse, Eier, Gurken, Eis

Eine Radtour ab Jüchen im Rheinland? WDR 2 Hörerin Ellen hat das so überzeugend vorgeschlagen, dass wir sie um Details gebeten haben. Hier ihr Bericht:

Start ist am Schulzentrum. Es geht am Jüchener Bach entlang nach Herberath, dann in Richtung Gierath. Dort der Straße Im Broich nach Stessen folgen und am Bach entlang bis Bedburdyck. Ellen empfiehlt, sich bei der Bäckerei (Eigenwerbung: »Seit fünf Generationen B(r)otschafter«) mit Proviant einzudecken. Wieder hinaus auf die Felder, zunächst zurück nach Stessen und beim Reitstall nach Norden abbiegen. Zwei Kilometer weiter ist Wallrath mit vielen Bänken und einem Rastplatz neben der Kuhweide. Dann weiter am Bach entlang, auf Schloss Dyck zu. Die Kastanienallee kennt man aus »Mord mit Aussicht« (ja, wo überall Eifel ist …), das Schloss mit Park und Bäumen ist ein Lieblingsort vieler WDR 2 Hörer.

Nächste Etappe: L 32 nach Steinforth. Dort kann man schon wieder einkaufen, diesmal alles von der Ziege! Weiter nördlich liegt Liedberg mit seinem alten Turm. Für 50 Cent darf man hoch und einen Blick auf die Gegend werfen. Bekannt für viel Fachwerk und das legendäre Seifenkistenrennen im Sommer.

Weiter nach Westen liegt Schelsen, dann links ab nach Schlich – dort gibt es einen Eier-Automat. So langsam wird der Einkaufskorb voll. Lassen Sie aber noch etwas Platz, denn in Neuenhoven kommt noch ein Biohof, der seit 30 Jahren ökologisch produziert – und ein Erdbeerstand. Durch den Ort, dann nach Süden zum Haus Bontenbroich und zum Haus Bissen. Dort radelt man den Naturlehrpfad entlang, bis man wieder in Jüchen landet und damit beim Höhepunkt und Tagesziel: Auf der Kölner Straße verkauft seit über 50 Jahren die Eisdiele Stasi das beste Eis der Gegend (per Facebook verifiziert unter anderem durch Gabriele: »Habe bis 1972 in Jüchen gewohnt – Stasi hatte damals schon das beste Eis!«). Eine Tour mit Sättigungseffekt.

Adresse Parkplatz am Schulzentrum, Stadionstraße, 41363 Jüchen | **Anfahrt** Regionalbahn ab Mönchengladbach bis Bahnhof Jüchen. Tourstart im Nordosten von Jüchen | **Tipp** Der Tiergarten Mönchengladbach im Stadtteil Odenkirchen ist ein kleiner, überschaubarer Zoo mit sehr zivilen Eintrittspreisen.

55 Der Rurufer-Radweg

Der Rad-Rat zur Rur-Tour

Die Rur (Aussprache: »Rur ohne h«) entspringt im Hohen Venn in Belgien, fließt dann in einem Bogen durch Deutschland und mündet in den Niederlanden in die Maas. Dort spricht man sie auch »Rur« aus, schreibt aber »Roer«.

Über die gesamte Strecke wird der Fluss vom Rurufer-Radweg begleitet. Den haben WDR 2 Raus in den Westen-Tourer in vielen Teil-Etappen befahren. Interessant dabei ist, dass die meisten offenbar am liebsten flussaufwärts fahren. WDR 2 Hörer Peter radelte von Vlodrop nach Hückelhoven. »Lohnt sich zu jeder Jahreszeit«, schreibt er – selbst hat er es an einem 2. Januar probiert. Conny wollte von Jülich nach Nideggen, Ilona von Ratheim bis Heimbach. Martina startete in Linnich und berichtet: »Hinter Kreuzau wird es richtig ›eifelig‹!« Auch sie scheint lieber nach oben zu strampeln, als nach unten zu rollen: »Obermaubach, Zerkall mit dem Nationalpark-Infopunkt, da gibt es auch tolles Material, WCs und frisches Eifelwasser für die Trinkflaschen … weiter geht's von da nach Heimbach … und weiter und weiter …«

Das Höhenprofil des Radwegs wird immer zackiger, je näher man der Rurquelle kommt. Für die Anstrengung wird man aber mit tollen Ausblicken belohnt. Besonderes Bonbon bei dieser Radtour ist die Option, mit der Bahn zurückzufahren. An vielen Stellen berührt der Radweg nämlich die Strecke der Rurtalbahn. Darin kann man dann zum Startpunkt zurückzuckeln, und die Fahrräder können sich ausruhen.

Und auf die Gefahr hin, unter den Bergauf-Stramplern als Weichei zu gelten: Wer in der Eifel startet und Richtung Norden fährt, der rollt – von einigen knackigen Anstiegen abgesehen – die meiste Zeit bergab. Ab Nideggen gibt es flussabwärts kaum noch Steigungen. Das macht die Rur-Tour dann noch einen Tick erholsamer. Fahrbahn und Rastplätze wurden übrigens gerade für 4,7 Millionen Euro ausgebaut. Ziel der Maßnahme: die Vier-Sterne-Bewertung vom ADFC.

Adresse Karte und Infos zum Rurufer-Radweg auf rureifel-tourismus.de | Anfahrt In der Rurtalbahn gibt es pro Zug fünf Fahrradstellplätze. Radlergruppen: mindestens drei Tage vorher anmelden! Stationen zum Beispiel in Linnich, Jülich, Kreuzau, Zerkall, Heimbach. | Tipp Zwischen Jülich und Düren liegt Inden. Den dortigen Tagebau, seine Geschichte und die Zukunft des Baggerlochs kann man am »Indemann« überblicken (52459 Inden / Altdorf).

56 Die Mammutbäume

Der Kindergarten der hölzernen Riesen

In den 1950er Jahren ging es in Kaldenkirchen am Niederrhein los mit der Aufzucht von Mammutbäumen. Eine Baumschule wurde damals angelegt, die Sequoiafarm. Der Farmvogt Michael Geller hat auf WDR 2 erzählt, dass hier mal 35- bis 40.000 Bäume standen. Warum? Man wollte herausfinden, ob diese Zypressenart für die Holzwirtschaft geeignet ist. Hundert Stück sind noch übrig. Der längste Baum ist ungefähr 40 Meter hoch. Natürlich eindrucksvoll, allerdings ist er damit nach Sequoia-Maßstäben noch ein Knirps. Deutlich über hundert Meter sind möglich (zum Vergleich: die Aussichtsplattform im Südturm des Kölner Doms ist 97,25 Meter hoch). Dafür brauchen die Bäume aber auch ein bis zwei Jahrtausende.

Sequoia (oder auch Redwood) heißen die Mammutbäume in Kalifornien. Da kommen sie her. Nach Kaldenkirchen, auf die Sequoia-Farm, hat man Setzlinge gebracht und großgezogen. Bis zur Eiszeit wuchsen sie übrigens ganz von allein in Europa. Aber mit dem damaligen Temperatursturz kamen sie nicht zurecht; aus ihnen besteht die Braunkohle, die heute gefördert wird.

Ein US-Redwood steht im Guinnessbuch: der 83,8 Meter hohe General-Sherman-Baum. Sein Stamm ist am Boden über elf Meter dick. Er ist (je nach Definition) möglicherweise das größte Lebewesen der Welt. Die Umrisse von General Sherman kann man auf einer Wiese in Kaldenkirchen mit einem jungen Sequoia vergleichen. In 2.000 Jahren ist der womöglich auch so groß. Hoffentlich gibt es dann noch das Guinnessbuch!

Wer Lust auf eine etwas größere Wanderung hat, dreht die Runde durchs Galgenvenn – »zu jeder Jahreszeit ein Träumchen« (WDR 2 Hörerin Regina). Auf elf gut beschilderten Kilometern geht es teils in Deutschland, teils in den Niederlanden durch die Natur. Man kommt an einem Heidemoor, an Seen und Wäldern vorbei, es gibt Frösche und seltene Pflanzen am Weg. Die Mammutbäume stehen an der Strecke und sind nicht zu übersehen.

Adresse Buschstraße 98, 41334 Nettetal-Kaldenkirchen, sequoiafarm.de | **Öffnungszeiten** April–Okt. sonn- und feiertags 10–17 Uhr, um eine Spende wird gebeten. Die Wege sind fast komplett barrierefrei; Wanderweg: ab Waldrestaurant Haus Galgenvenn, Knorrstraße 77. | **Tipp** aus der WDR 2 Gruppe: De Wittsee bei Nettetal (sieben Kilometer entfernt) mit Rohrdommel-Projekt, ein toller Ort, um Vögel zu beobachten!

57 Der Solegarten

Ein ganz spezieller Luftkurort

Eine Prise salzige Seeluft tut gut. Nur: mangels Meer bei uns im Westen schwer zu bekommen. Außer man geht in den Solegarten St. Jakob in Kevelaer am Niederrhein. Dort gibt es seit Kurzem ein Gradierwerk. Das ist ein zwölf Meter hohes Holzgerüst, das mit Schwarzdorn-Bündeln ausgefüllt ist. Von oben rinnt salziges Wasser durch die Reisigbündel. Das Wasser stammt aus 500 Meter Tiefe und ist jodhaltig. Während es durch die Zweige rieselt, verdunstet es zum Teil. Dadurch erhöht sich die Salzkonzentration. Außerdem spritzen kleinste Tröpfchen in die Luft. (Wir haben den Begriff »Aerosol« ja alle kennengelernt. Aerosole können aber nicht nur Coronaviren, sondern auch winzige Salzkristalle transportieren.)

Stellt man sich vor das Gerüst oder lässt sich auf einer Liege nieder, kann man die mit Salztröpfchen versetzte Luft einatmen, und das ist gut für die Lunge. Die Betreiber empfehlen so eine Luftkur zum Beispiel Allergikern und versprechen Vorsorge gegen Atemwegserkrankungen. Das Sole-Atmen reinigt die Atemwege auch von Staub und Pollen, heißt es. Man kann über eine Treppe im Gradierwerk nach oben klettern und sich das Ganze von dort ansehen. Es gibt noch mehr Gesundes in der Nähe: eine Kneipp-Anlage, einen Barfußpfad und für die Freunde der ruhigen Kugel auch einige Boule-Bahnen.

Der Solegarten ist 2020 erst fertiggestellt worden und damit die jüngste Attraktion in Kevelaer. Bekannt ist die Stadt natürlich für die Wallfahrtskirche. Es gibt auch einige Facebooker in der WDR 2 Gruppe, die regelmäßig dorthin pilgern – zu Fuß und teilweise über hundert Kilometer weit. Andere schreckt der Trubel eher ab. Wenn es nicht zu voll ist, lohnt ein Blick in die Basilika allemal, allein schon wegen der prachtvollen Bemalung des Innenraums.

Eine Verbindung von Salzwassergerüst und Pilgerei gibt es auch: Aus der Luft gesehen hat das Gradierwerk die Form einer Jakobsmuschel.

Adresse Hüls 17, 47623 Kevelaer | Anfahrt A 57/B 9 bis Kevelaer, oder per Bahn mit RE 10 bis Bahnhof Kevelaer, weiter zu Fuß (15 Minuten) oder per Buslinie 73 zum Solegarten | Öffnungszeiten Gradierwerk: April–Okt. 8.30–21 Uhr, sonst bis 19 Uhr, Führungen unter Tel. 02832/122991 | Tipp Etwas wilder: Rutschen-Fans und Spielplatz-Experten empfehlen den Erlebnispark Irrland in Twisteden.

58 Zwei besondere Brücken

Die Älteste und die Längste

Wer Brücken mag, wird diese Tour am Niederrhein lieben. Zuerst präsentieren wir einen Vorschlag von WDR 2 Hörer Georg: die älteste Eisenbahnbrücke Mitteleuropas. Sie steht in Kleve-Griethausen. Die Rheinische Eisenbahn-Gesellschaft weihte sie 1865 ein, die Strecke Köln–Zevenaar verlief darüber. Die Brücke hat eine Spannweite von über hundert Metern über einen Altrheinarm. Dazu kommen die sogenannten Flutbrücken über die Rheinwiesen.

Bis 1960 fuhren Personenzüge über die Stahlfachwerkkonstruktion. Dann trug sie noch einige Jahre Güterzüge, ehe die Strecke stillgelegt wurde. Jetzt kann man die Brücke gar nicht mehr überqueren, aber als malerisch verrottendes Industriedenkmal ist sie ein wunderbares Fotomotiv. Wegrosten wird sie nicht so schnell. Der verwendete Stahl ist eine besonders haltbare Sorte. Wie der freundliche Herr vom Griethausener Heimatverein am Telefon versprach: »Die wird uns alle überleben!« – Vielleicht bekommt die alte Brücke ja auch noch mal eine neue Aufgabe: 2016 wurde sie versteigert und ist seither in Privatbesitz. Als Radweg würde sie sicher gern hundert Jahre dranhängen …

Nur eine Viertelstunde mit dem Rad entfernt erhebt sich ein Bauwerk, das genau hundert Jahre jünger ist und deutlich größer: die Rheinbrücke nach Emmerich. Die »Golden Gate vom Niederrhein« ist die längste Hängebrücke Deutschlands, mit fast 80 Meter hohen Pylonen. Darüber verläuft die B 220, außerdem ein Rad- und Fußweg.

Eine Tagestour könnte in Kleve starten – mit einem Check, ob die kleinen Steinmännchen im Tiergartenwald noch da sind, und dann mit der Schwanenburg, »deren Turm von außen nicht so hoch aussieht, wie es sich anfühlt, ihn zu besteigen« (Michael aus Mönchengladbach). Danach geht es nach Griethausen und weiter über die große Brücke nach Emmerich. Das sind 15 Kilometer. Dort empfohlen: die Rheinpromenade und die Kirchen St. Martini und St. Aldegundis.

Adresse Eisenbahnbrücke: Wehrpöl, 47533 Kleve | Anfahrt RE 10 ab Krefeld (Fahrrad vorher anmelden!) bis Kleve oder RE 19 ab Düsseldorf/Oberhausen bis Emmerich | Tipp Westlich von Emmerich liegt der Eltenberg mit einigen schönen Wander- und Radwegen direkt an der Grenze zu den Niederlanden.

59 Die Nibelungenhalle auf dem Drachenfels

Von Drachen, Eseln und Anakondas

Als die Engländer im 19. Jahrhundert zuerst die Eisenbahn und dann den Tourismus erfanden, wurde der Rhein schnell ein bevorzugtes Ziel. Das Buch »111 Orte, die man 1850 gesehen haben muss« wäre garantiert nicht ohne Königswinter und den Drachenfels ausgekommen. Rheinromantik, Siegfried, Drachen …

Der Baedeker aus der Zeit vermerkt: »Esel auf den Drachenfels 10 Silbergroschen«. Bis auf den Preis stimmt die Info noch, denn auch heutzutage stehen im Sommer Esel bereit. Allerdings dürfen nur Kinder reiten, Erwachsene müssen nebenherlaufen. Mit etwas Kondition schafft man den steilen Weg aber allemal!

Die Nibelungenhalle ist ein Kuppelbau im späten Jugendstil, den man schon ein gutes Stück unterhalb des Gipfels erreicht. Erbaut 1913 zu Ehren von Richard Wagner, zeigt er außen allerlei Sagenhaftes, germanische Götter und Helden aus der Nibelungensage. Innen gibt es Gemälde mit Motiven aus Wagner-Opern, eine Darstellung der Erde als Scheibe mit mythischer Midgardschlange – und echte Drachen! Oder so ähnlich: Eine Reptilienausstellung präsentiert Echsen, Schlangen und Schildkröten. Um die Halle windet sich die »Drachenhöhle«, in der ein steinerner, 13 Meter langer Drache liegt. Aufmerksamen Besuchern fallen in der Dekoration Hakenkreuze auf. Die laden dazu ein, sich damit zu beschäftigen, wie der Nationalsozialismus solche Symbole aufgriff und verwendete.

Es gibt mehrere Wege auf den Drachenfels und wieder hinunter. Einer davon führt am Ausflugslokal Milchhäuschen vorbei. WDR 2 Hörer Gordon schlägt vor: »Nehmt nicht den direkten Weg von unten gesehen auf der rechten Seite der Bahn, sondern haltet euch links in Richtung Wald, dann ist der Aufstieg zwar etwas länger, aber nicht so steil. Runter nehmt ihr dann den anderen, steileren Weg und könnt die Attraktionen am Wegesrand besuchen.«

Adresse Drachenfelsstraße 107, 53639 Königswinter | Anfahrt mit RE oder RB bis Königswinter, Fußweg zehn Minuten bis zur Drachenfelsbahn (fährt 11–18 Uhr). Dort warten auch die Esel. | Öffnungszeiten Nibelungenhalle: März–Okt. täglich 10–18 Uhr, im Winter Sa/So 11–16 Uhr | Tipp aus der Gruppe: »Unten in Königswinter gibt es ein Sea Life, das man besichtigen könnte.«

60 Die Obstwege

Von Kasachstan nach Leverkusen

In Kasachstan, kurz vor China, gibt es einen Wald aus alten Apfelbäumen, durch den Bären streifen und der möglicherweise die Urheimat aller unserer gezüchteten Supermarktäpfel ist. So etwas erfährt man durch ARD-Reportagen … oder wenn man den Obstweg in Leichlingen im Rheinland entlangwandert. »Blütenstadt« nennt sich Leichlingen seit einigen Jahren ganz offiziell. Die sechs Kilometer lange (von WDR 2 getestete) Wanderroute startet östlich der Wupper und dreht eine Runde durch eine Landschaft, in der immer wieder Obstwiesen zum Probieren einladen und wo Tafeln Informationen über Obstsorten und -anbau geben. Die Erklärungen kommen dabei übrigens von der WDR-Maus! Der Supermarktapfel ist dabei freilich nicht so interessant. Alte Sorten mit eigenwilligen Formen und Geschmäckern sind für Obstliebhaber ja viel attraktiver. Sie werden heutzutage neu entdeckt, nachdem sie eine Weile lang von der international produzierenden Obstindustrie fast in die Vergessenheit gedrängt worden waren.

Streuobstwiesen, wie es sie bis vor 50 Jahren noch viel häufiger in Deutschland gab, sind für viele Tierarten überlebenswichtig. Sie stellen auch das Thema eines zweiten Obstwanderwegs dar, gar nicht weit weg: in Leverkusen-Opladen. WDR 2 Hörerin Uli, die in der Region wohnt, hat sich die Tour angeschaut und stellt fest: »Wunderschöne Strecke, die man Leverkusen nicht zutraut.« Bei Leverkusen denken viele ja nicht zuallererst an Obst. Aber auch hier sind es nur ein paar Schritte, die uns in den Obstgarten bringen. Am NaturGut Ophoven beginnt der Neun-Kilometer-Weg, der teilweise am Balkantrasse-Radweg entlang verläuft, nach Unterölbach und Atzlenbach.

Der Naturschutzbund NABU hat sogar noch eine dritte Obstroute im Angebot, bei Witzhelden. Es gibt also viel zu laufen für alle, die bei »Apfel« weiter denken als bis zum Supermarkt – aber dann doch nicht ganz bis Kasachstan.

Adresse Obstweg Leichlingen Start/Ziel: Ecke Marktstraße/Mittelstraße, 42799 Leichlingen; Obstweg Leverkusen Start/Ziel: NaturGut Ophoven, Talstraße 4, 51379 Leverkusen-Opladen (keine Parkplätze) | Anfahrt RB 48 bis Leichlingen, zum Friedhof, dann über die Wupper, die Marktstraße hoch bis zum Startpunkt; Leverkusen: RB 48 bis Opladen (Fußweg siehe naturgut-ophoven.de) | Tipp Einigkeit, Recht und Freiheit heißen die drei alten Schiffe, die als Fußgängerbrücke dienen, wo die Wupper in den Rhein mündet (zwischen Rheindorf und Wiesdorf).

61 Der Galileo-Park

UFOs, Mondautos, Pyramiden

In Lennestadt-Meggen im Sauerland ist ein Sandkasten nicht einfach eine Buddelkiste, sondern »ein paläontologischer Lernspielplatz« für kleine Dino-Fans. Es könnte nämlich gut sein, dass jugendliche Forscher hier Saurierknochen statt verlorener Sandförmchen finden. WDR 2 Raus in den Westen-Mitglied Yvonne aus Altenhundem findet, die Pyramiden seien mittlerweile ein heimliches Wahrzeichen des Sauerlands. Und: »In vier der sieben Pyramiden begeistert der Galileo-Park seine Gäste mit außergewöhnlichen Ausstellungen.« Die Themen begeistern künftige Wissenschaftler und machen einfach neugierig. Es kann durchaus auch mal um Außerirdische oder Yetis gehen, da gibt es keine Berührungsängste. Wissensvermittlung nicht nur durch Texte fand En Ho Ya gut, »da man sich nicht nur alles durchlesen musste, sondern auch einiges ausprobieren und selbst entdecken konnte«. WDR 2 Hörerin Nicole aus Finnentrop ergänzt: »Circa drei Stunden waren wir gut beschäftigt, und eine umwerfende Umgebung gibt es im wunderschönen Sauerland gratis dazu.«

Wie kommen diese Pyramiden nun eigentlich hierhin? Der Naturheilkunde- und »Bioresonanz«-Unternehmer Wolfgang Schmidt brauchte 2005 ein Bürogebäude. Er hatte die Idee, es in Pyramidenform umzusetzen, fand in Meggen das Grundstück dafür – und kurz darauf war schon Eröffnung. »Die Ägypter brauchten Jahrzehnte, wir nur Monate«, sagte er damals stolz. Die Meggener hatten anscheinend von Beginn an keine Probleme mit der ungewohnten Architektur: »Größere Einwände gegen das Projekt gab es nicht«, berichtete die Lokalzeitung damals. Bis alle sieben Gebäude fertig waren, dauerte es dann auch nicht lang. In dreien sind jetzt die Firmenbüros und Produktion, in den restlichen vier der Galileo-Park.

Nebenbei empfohlen: Wer immer mal mit Alpakas wandern wollte, kann oberhalb des Parks Tiere ausleihen. Eine Art Dauer-Geheimtipp bei WDR 2 Raus in den Westen!

Adresse Sauerland-Pyramiden 4–7, 57368 Lennestadt-Meggen, galileo-park.de | Anfahrt A 45, ab Olpe B 55 / B 236, Zufahrt über die Sachtlebenstraße | Öffnungszeiten Di–So 10–17 Uhr, in den NRW-Ferien auch montags. Der Galileo-Park ist barrierefrei. | Tipp Älter als die Pyramiden und ebenfalls einen Blick wert: der Siciliaschacht, ein Bergbaumuseum. Liegt gleich nebenan (So 15–18 Uhr geöffnet).

62 Das :metabolon

Umwandlung und Umwanderung

Es war nur ein Haufen Müll: Auf der Leppe-Deponie in Lindlar im Oberbergischen türmte sich 60 Meter hoch der Abfall. Heute ist daraus eine »Lernlandschaft« geworden, außerdem ein Spiel-, Sport- und Wanderort – und geforscht wird auch noch. Die Regionale (das ist eine Strukturförderung des Landes) machte 2010 ein attraktives Sonntagsziel aus der Schmuddelecke, die vorher 30 Jahre lang nur von Müllwagen angefahren worden war. Einen neuen Namen hat der Hügel auch bekommen, »:metabolon« heißt er jetzt. Recycling ist immer noch ein Thema, aber eben auch: Tourismus.

Hierher kommt man zum Beispiel über den Zeitreise-Wanderweg vom Freilichtmuseum Lindlar aus. Es gibt auch eine Rundwanderung mit Aussichtspunkten, aber der Höhepunkt ist der höchste Punkt: die Kegelspitze mit Rundum-Weitblick. Der Weg hinauf führt über eine laaange Treppe mit 360 Stufen. Jeder, der oben ankommt, verschnauft erst einmal. Und runter? Deutschlands längste Doppelrutsche bietet sich an, sie ist 110 Meter lang und geöffnet, wenn es trocken ist. Zu langweilig? Gleitschirm geht auch, der Delta-Club Rheinland bietet das an. Und wer mit dem Mountainbike da ist, probiert vielleicht den Pump Track, eine speziell angelegte Piste mit Bodenwellen und Steilkurven.

WDR 2 Raus in den Westen kann auch heißen: Raus aus der Schule! Für Schulklassen gibt es am :metabolon viele Angebote. Müll, Energie, Klimaschutz, alles Themen, die hier vertieft werden können. Betrieben wird das Ganze vom Bergischen Abfallwirtschaftsverband. Angst vor schlechter Luft ist übrigens unnötig: Die Deponie stinkt nicht mehr – und aus Brandschutzgründen ist auf dem gesamten Gelände das Rauchen verboten. Fehlt noch die Erklärung des Namens: :metabolon ist von Metabolismus abgeleitet, und das bedeutet Stoffumwandlung. Müll wird zu Energie und Wertstoff. Und zu Gesprächsstoff, wenn man einen Ausflug hierher gemacht hat.

Adresse Remshagener Straße, 51789 Lindlar | Anfahrt A 4 bis Engelskirchen, dann nach Lindlar. Tipp von Fabian Raphael aus dem WDR 2 Team: RB 25 ab Köln bis Ründeroth und von da aus zum :metabolon wandern. | Öffnungszeiten Gelände und Aussichtsplattform sind bis zum Einbruch der Dämmerung zugänglich. | Tipp Nördlich von Lindlar verläuft der Steinhauerpfad, ein Wanderweg zum Thema Grauwacke. Aus diesem Stein, hier abgebaut, bestehen Gehwege im ganzen Land!

63 Der Wunschbaum

Von Fabian Raphael, WDR 2 Wanderexperte

»Ich wünsche mir Gesundheit, Glück und Zufriedenheit für unsere Familie und Freunde«, »Ich wünsche mir, dass der Borkenkäfer weggeht«, »Lotti wünscht sich ein fPert«. Ich bin jedes Mal gerührt von all den liebevollen Wünschen, die die Menschen an die Äste dieser kleinen Buche im Bergischen hängen – auf Zettelchen, mit einem Bindfaden befestigt. Das ist der perfekte Ort, um bei einer Wanderung oder einem Spaziergang kurz innezuhalten und sich zu fragen: Was wünsche ich mir eigentlich?

Der Wunschbaum steht oberhalb des Örtchens Kaufmannsommer im Bergischen. Bänke laden zur Rast mit einer schönen Aussicht ein, dabei hängt das Zettelkästchen mit Stiften und Fäden. Für mich ein echter Geheimtipp und einfach ein sehr ruhiger Ort. Weit und breit keine Autobahn, keine Durchgangsstraße – dafür viel Natur, Wald und Weide. Wer zum Wunschbaum möchte, muss etwas auf sich nehmen und zum Beispiel an den sehr aufmerksamen Gänsen am Weiher in Kaufmannsommer vorbei, gefolgt von einer kurzen, aber ordentlichen Steigung durch die Weiden. Diesen Ort hat vor einigen Jahren die Lindlarer Initiative NaturZeit geschaffen. Ihre Mitglieder wollten die Aufmerksamkeit auf die kleinen, schönen Dinge in der Natur lenken. Bis heute sorgen sie für Nachschub an Zettelchen, Fädchen und Stiften. Die große Resonanz hat alle überrascht. »Das war echt ein Bringer! Das hatten wir uns nie so vorgestellt«, sagt Harald Serwe, einer der Wunschbaum-Erfinder. Er selbst sitzt da gern mit Freunden, »mit einer Flasche Wein, über uns das Blätterdach«.

Obwohl ich viele Wanderwege im Westen kenne, ist der Wunschbaum für mich einmalig. Ich starte meine Tour meist in Delling mit seiner pittoresken kleinen Kirche, über den Berg ins Ommertal und zurück zur perfekten Waffel-Einkehr im schönen Gasthaus dort. Ach ja, und ich drücke die Daumen für Leonie: »Ich wünsche mir, dass ich beim Lesewebeverb gut abschneide!«

Adresse Fußweg ab Zur Ommer 9, 51789 Lindlar | **Anfahrt** mit dem Bus bis Lindlar-Linde, dann dem Wanderweg »L'Ommer Jon!« folgen; A 4 bis Overath, dann nach Norden an Hohkeppel und Vellingen vorbei Richtung Spich. In Kaufmannsommer links am Gänseteich vorbei, den ersten Weg rechts (kurz steil), dann noch 200 Meter bis zum Baum. | **Tipp** Weiterwandern bis Delling mit Kirche und Einkehr.

64 Lippstadt

Lippstadt!

Fast wäre dies ein ganz kurzes Kapitel geworden. Denn anscheinend muss man zu Bildern von Lippstadt in Westfalen gar nicht viel schreiben. WDR 2 Hörerin Vanessa garnierte ihre Fotos nur mit einem knackigen »Lippstadt!«, und auch Monika fand »Lippstadt!« aussagekräftig genug. Vorsichtige Anfrage bei einem, der »Schöne Ecke« – nichts weiter – geschrieben hatte: »Haben Sie auch Favoriten dort?« Postwendend kam die Antwort: »Es ist alles sehenswert.«

Unser Tipp für Lippstadt ist also, sich alles anzuschauen. Auch von der Lippe aus. Das geht per Kanu, wie Carmen mit ihrer Familie ausprobiert hat: »Selbst unser Fünfjähriger konnte die Tour mitfahren, ohne überfordert zu sein oder sich zu langweilen.« Es gibt zwei Verleiher, an jedem Flussufer einen. Vor gar nicht langer Zeit war die Lippe ein begradigtes, reizloses Industriegewässer. Inzwischen schlängelt sie sich aber über weite Strecken wieder ziemlich malerisch durchs Land. 2018 wurde sie sogar zur Flusslandschaft des Jahres erkoren. Über Umwege ist sie auch Namensgeber fürs Land Lippe.

Tina aus Hamm hat in Lippstadt noch etwas gefunden: Peters Schokowelt. »So lecker! Und im Shop kann man nach Herzenslust und Kalorienbedarf einkaufen«, schwärmt sie. Das Schokoladenmuseum ist (laut Webseite) eine »retro-futuristische Erlebniswelt«, die innen ein bisschen aussieht wie die Schokoladenfabrik in dem Tim-Burton-Film. Es gibt Führungen und Pralinenkurse.

So, und wie kommt man wieder weg? Zu Fuß! Es gibt eine Jakobsweg-Etappe von Lippstadt nach Bad Sassendorf und Soest. Petra hat's ausprobiert: zunächst an der Lippe entlang, dann über Benninghausen und Ostinghausen nach Süden, allerdings oft direkt an der Landstraße entlang. Sicher gibt es am Ziel auch viel zu entdecken, aber »Sassendorf!« – mit Ausrufezeichen – hat noch keiner in die Gruppe gerufen.

Adresse Kanutouren Deppe, David-Gans-Straße 1, 59555 Lippstadt, Tel. 02941/922490; Gamann Kanus, Jahnweg 7a, 59555 Lippstadt, Tel. 02941/79939; Peters Schokowelt, Hansastraße 11, 59557 Lippstadt | Anfahrt Lippstadt liegt zwischen Hamm und Paderborn. Bahn: ab Essen und Münster | Tipp Einen richtigen Sandstrand gibt es am Alberssee, komplett mit Imbiss, Biergarten und Überfüllung, wenn's heiß ist.

65 Der Mühlenkreis

Mahlzeit!

43 Mühlen. Der Mühlenkreis Minden-Lübbecke im hohen Norden des Westens nennt sich selbst »Deutschlands größtes Freilichtmuseum«. In Wegberg (Nummer 104) wird es um Wassermühlen gehen, hier stehen die Windmühlen im Vordergrund. Es gibt verschiedene Typen, darunter die Bockwindmühle. Da dreht man das ganze Ding auf einem Unterbau, dem Bock, in den Wind, wenn gemahlen werden soll. Toll für Techniker: Wer immer schon mal wissen wollte, was ein Schrotgang oder ein aufgedoppeltes Kammrad ist – hier wird man es erfahren.

Die vielen Mühlen stehen nicht nur in der Landschaft herum, sondern sind über die »Westfälische Mühlenstraße« verbunden. Und sie stecken voller Geschichten: Piel's Mühle (»1705 erbaut, rechtsdrehender Segelflügel«) ist schon mal umgezogen. Vor 150 Jahren stand sie noch an einem anderen Ort. Drei Jahre dauerte es damals, sie zu demontieren, auf Pferdekarren zu laden und hier wieder zusammenzubauen. Offenbar hat das funktioniert, denn hier wird bis heute an den Mahltagen Mehl produziert.

Die Seelenfelder Königsmühle trägt ein steinernes Schildchen »FWR 1731«. Was heißt das? Es sind die Initialen des Königs: Friedrich Wilhelm Rex (also: König) von Preußen. Im Netz steht: Der soll befohlen haben, dass die Steine für den Bau geklaut werden! Stimmt das? Anruf in der Mühle, mittags um zwölf, Friedrich Dralle nimmt ab: »Mahlzeit!« Das ist ja nun ein passender Gruß für einen Mühlenbesitzer. Er ist schon Friedrich der Sechste, seit 1823 gehört die Mühle der Familie, sie wird – wie der Vorname – an den ältesten Sohn übergeben. Die Steine stammen wirklich von einer alten, baufälligen Kapelle, wo man sich damals bediente – der Bischof war nicht amüsiert.

Für mehr Geschichten ist hier kein Platz, man sollte hinfahren. An den Wochenenden ist irgendwo immer eine Mühle geöffnet. Pfingsten ist Mühlentag, da ist richtig was gebacken im Mühlenkreis.

Adresse alle Mühlen unter muehlenkreis.de; Piel's Mühle: Speckendamm 22, 32351 Stemwede; Seelenfelder Königsmühle: Königsmühle 4, 32469 Petershagen | Anfahrt Start der Mühlenroute für Radwanderer: Bahnhof Minden, Karte unter teutonavigator.com | Tipp »Wer mal zum NRW-Nordpunkt und darüber hinaus von Rahden nach Ströhen fahren möchte, dem kann ich die Draisinentour sehr empfehlen« (Don Ari, WDR 2 Raus in den Westen).

66 Die Talsperre und der Sternenhimmel

Raus mit der Kamera!

Die Fuelbecketalsperre gehört eigentlich zu Altena, liegt aber näher an Lüdenscheid im Sauerland, deshalb haben wir sie hierhin sortiert. Sie lohnt als Ausflugsziel, mit einem schönen Rundwanderweg am Ufer. Drei Kilometer ist man unterwegs – eher ein Spaziergang durch viel Grün und ohne große Steigungen. Solch einen Tagesausflug hat WDR 2 Hörer Evgeni Tcherkasski aus Dortmund auch gemacht. Aber anders als die meisten Wanderer ist er dann am späten Abend wieder hergekommen, bewaffnet mit seinem Freund und Helfer: einem Klapphocker.

Außerdem immer dabei: die Kamera. Evgeni fotografiert gern nachts. Das Bild rechts ist von ihm: die Fuelbecketalsperre, aufgenommen in Stacking-Technik. Er hat uns erklärt, wie das geht: »Dieses Foto besteht aus ungefähr hundert Einzelaufnahmen. Die sind jeweils 25 Sekunden lang belichtet.« Am Ende werden diese hundert Bilder quasi übereinandergelegt, so kommt der Zeitraffereffekt mit den »Star Trails«, den Bewegungsspuren der Sterne, zustande. Deswegen braucht Evgeni den Klapphocker. Er sitzt solange daneben und liest etwas. Ein Hobby für Geduldige. Auch sonst ist der Aufwand groß, erzählt er: »Ich fahre mehrere tausend Kilometer pro Jahr mit dem Auto, suche tagsüber nach interessanten Locations und wandere Hunderte Kilometer durch die Nacht.« Seine Ausbeute teilt er im Internet mit anderen Fotofans, auch bei WDR 2 Raus in den Westen.

Er ist nicht der Einzige, der tolle Fotos präsentiert. In der Community gibt es einige Leute, die mit mehr oder weniger professioneller Ausrüstung auf Fotopirsch gehen. Meistens ist ihnen ein begeistertes Echo sicher. Die Sammlung unserer Ausflugstipps wäre lange nicht so bunt ohne ihre Arbeit, deswegen schicken wir hier einfach mal ein großes Danke raus an Evgeni und seine Kolleginnen und Kollegen, die ihre schönsten Werke mit uns teilen.

Adresse Parkplatz an der Talsperre, Fuelbecker Straße 60, 58762 Altena | Anfahrt ab Lüdenscheid Buslinie 37 bis Zum Hohle, Fußweg ein Kilometer; A 45 bis Lüdenscheid, Richtung Zentrum bis Vogelsberger Weg, dort rechts und der Fuelbecker Straße folgen | Tipp Die ehemalige Sprengstofffabrik im Sterbecketal zwischen Lüdenscheid und Hagen ist ein Lost Place vom Feinsten. Bitte Vorsicht beim Besichtigen!

67_Zwei Talsperren

Tapasplatten, Kaffeekännchen, Bierkrüge

Talsperren gibt es so viele in Nordrhein-Westfalen, und auch auf dieser Seite geht es um zwei Stauseen. Zuerst stellen wir einen der Lieblingsorte von WDR 2 Raus in den Westen-Mitglied Manuela vor: die Brucher Talsperre bei Marienheide im Oberbergischen. Der Rundwanderweg dauert nur eine Stunde, zusätzlich gibt es dort »die besten Tapas weit und breit«, sagt Manuela. Aber wahrscheinlich wäre es auch nicht so schlimm, wenn das Essen nur so mittel wäre, denn der Blick von der Terrasse auf den See ist grandios!

Marienheide war früher über die Wippertalbahn mit Bergisch Born verbunden. Jetzt geht nur noch der Zug über Gummersbach nach Köln oder über Meinerzhagen nach Lüdenscheid, direkt nach Westen gibt es keine Gleise mehr. Auf der alten Bahntrasse kann man aber gut Rad fahren, der »Wippertalbahn-Radweg« verläuft leicht bergab bis Wipperfürth. Man kommt an der Lingesetalsperre vorbei, unserem nächsten Ziel.

»Einfach, kurz und schön«, lautet WDR 2 Hörer Georgs Fazit seines Januar-Spaziergangs um den See. Knapp sechs Kilometer ist die Strecke lang. Man kommt an gleich drei Campingplätzen vorbei, zelten scheint also kein Problem zu sein. In den Kommentaren kam aber die Frage nach Cafés auf. Da meldete sich ein zweiter Georg: »Direkt am Rundwanderweg mit Blick auf die Sperre gibt es ein uriges Café.« Gemeint ist das »Kaffeekännchen«, ein Hofcafé mit selbst gebackenem Kuchen in einer alten Scheune. Es liegt ungefähr auf halber Strecke.

Und dann stand da noch ein Kommentar: Klaus-Peter Rabe erinnerte sich fröhlich an seine Wanderungen an der Talsperre – und daran, sie oft gemalt zu haben. Das wollten wir genauer wissen. Er erzählt, dass er in den 1990er Jahren oft Vorlagen für Hersteller von Souvenirs gemalt hat. Wenn Sie also in der Gegend auf einem Flohmarkt zum Beispiel einen Bierkrug finden, mit einer Staumauer drauf – das ist wahrscheinlich ein Werk von Herrn Rabe.

Adresse Tapas Bar Alhambra (Brucher) Gummersbacherstraße 15b, 51709 Marienheide; Hofcafé Kaffeekännchen (Lingese, Mi–So 14–18 Uhr) Lindenweg 3, 51709 Marienheide | Anfahrt Lingesetalsperre: Bus 339 bis »Linge«; A 4 über Gummersbach oder A 45 über Meinerzhagen, Bahn: RB 25 aus Köln | Tipp Das Drehorgelmuseum in der ehemaligen Dorfkirche in Marienheide-Kempershöhe zeigt alle Arten von Musikautomaten, Spieldosen und vor allem Drehorgeln des 18. bis 20. Jahrhunderts.

68_Die Burg

Von Bächen und Buchen

Die Baumeister haben das geschickt gemacht damals: Ein Teil ihrer Verteidigungsanlage bestand aus einem Wall, der andere aus Wasser. Denn wenn sich die Bewohner der Gegend vor Feinden hinter ihren Erdwall zurückgezogen hatten, stauten sie die vorbeifließenden Bäche auf. Durch dieses natürliche Hindernis waren Menschen und Vieh vor Angriffen geschützt. Es ist nicht ganz klar, wann die Anlage in Sinsen, östlich von Marl im Ruhrgebiet, entstand. Vielleicht vor tausend Jahren, vielleicht auch vor 1.500. Technisch war sie jedenfalls pfiffig.

Heute sieht man von der Burg nicht mehr viel, sie ist eher ein Fall für Archäologen. Sie muss ja auch nichts mehr schützen, sondern steht selbst unter Schutz, samt den Wäldern und Bächen drum herum mit ihren Eisvögeln, Spechten und anderem Getier. Es gibt schöne Buchen, die beinahe 200 Jahre alt sind. Durch das Gebiet kann man wandern. Ein paar wenige Schilder helfen, die Wege sind, nun ja, naturnah. Am besten ist es, man schaut vorher mal eine Karte an. Der NABU veranstaltet Führungen, Erwin Gebauer, der hier jeden Baum kennt, geleitet dann die Besucher durch »die Burg«. Das, was die Stadt amtlich »alte bodensaure Eichen- und Buchenwälder und quellig durchsickerte Auenwälder« nennt, kann man dabei lebendig kennenlernen. Gebauer diskutiert auch gern über den Unterschied zwischen dem, was sich Politik unter Naturschutz vorstellt, und dem, wie es sich hinterher praktisch darstellt. Als zum Beispiel vor ein paar Jahren Männer mit Sägen im Auftrag des Kreises anrückten und unzählige Bäume am Rand der Burg fällten – Begründung: Gefahr durch brechende Äste. Ein Besuch lohnt sich aber nach wie vor, sagt er. »Unbedingt!«

»Voller wunderschöner Ecken und besonderer Winkel« sei der Wald, schreibt Stella aus Recklinghausen, und auch den Spaziergang von Hans aus Herne stellt man sich schön vor: »Hund, Enkel und ich.«

Adresse Gräwenkolkstraße, 45770 Marl | **Anfahrt** A 43 Abfahrt Marl-Sinsen, Bus 220 ab Recklinghausen bis Gräwenkolkstraße, Wander-Einstieg: ab dem Parkplatz dem kleinen Weg parallel zur Halterner Straße folgen | **Öffnungszeiten** Führungen: Naturschutzbund in Marl: nabu-marl.de | **Tipp** Hungrig vom Wandern? Der Imbiss am Flugplatz wird für seine Currywurst gerühmt.

69__Die Katzensteine

Salmei, Dalmei, Adomei!

Es ist keine Magie, sondern natürlich nur Geologie, die diese Felsformation in der Eifel geschaffen hat. Aber eine zauberische, magische Atmosphäre kann an den Katzensteinen schon aufkommen. Sie bestehen aus Buntsandstein und sind bis zu 15 Meter hoch. Man kann sehr gut die rötlichen Sandschichten sehen, die sich im Laufe der Jahrmillionen übereinander abgelagert haben, bis fester Fels daraus entstanden war. Dann begann die Erosion, die faszinierenden Formen herauszuwaschen, die wir heute bewundern können.

Die Felsen befinden sich im Veytal, in der Nähe von Katzvey (kein Tippfehler – Katzvey liegt gleich neben dem bekannteren Satzvey). Sie stehen unter Naturschutz, und zwar schon seit 1937. Das heißt: keine Mountainbike-Tricks über die Felsen, bitte!

Menschen hinterlassen hier schon sehr lange ihre Spuren. Vor 13.000 Jahren jagten unsere steinzeitlichen Vorfahren im Tal Biber und Elche. Unter den überhängenden Felsen hatten sie ein Lager, haben Archäologen festgestellt. In römischer Zeit, vor 2.000 Jahren, gab es auch mal einen Steinbruch. Steine von hier wurden wohl in der Nähe für den Hausbau verwendet.

Die Katzensteine sind nicht nur ein Schönwetterziel. WDR 2 Hörer Wolfgang aus Köln schlägt vor: »Auch einmal bei Regen hingehen. Die Wasserläufe verändern die Farben der Steine.« Noch nicht magisch genug? 2020 war ein Filmteam hier, um einen Kinofilm zu drehen. »Catweazle«, die Geschichte eines Magiers und Zeitreisenden aus dem 11. Jahrhundert, wurde neu verfilmt. In der Rolle des zerzausten Zaubermeisters hüpfte Otto Waalkes durch den Wald.

Catweazle-Kennern erschließt sich bestimmt der folgende Kommentarstrang, der danach unter einer Facebook-Fotosammlung von den Katzensteinen entstand. Sabine: »Salmei, Dalmei, Adomei. Elektrik-Trick« – Ute: »Die kleine Sonne« – Pia Ma: »Sator Arepo Tenet Opera Rotas!« – Sabine: »Wingardium Leviosa« – Ulla Bri: »Gefällt mir!«.

Adresse Wanderparkplatz Katzensteine an der L 61 bei 53894 Mechernich | Anfahrt ab Bahnhof Mechernich Bus 808 (Richtung Euskirchen) bis zur Gielsgasse, dann Bus 893 bis zur Haltestelle Mechernich Katzvey. Ab hier zu Fuß. | Tipp Eine Drei-Kilometer-Wanderung entfernt ist die Burg Satzvey.

70__Lüftelberg

Der Eifelmarmor der heiligen Lüfthildis

Das Wappen der Stadt Meckenheim im Rheinland zeigt einen Apfel. Keinen echten, sondern einen Reichsapfel, also ein Herrschaftszeichen. Trotzdem passt es gut, denn Meckenheim ist eine Apfelstadt. In langen Reihen stehen überall die Apfelbäume, die die Region versorgen. WDR 2 Hörer Erik aus Rheinbach schlägt vor, die »Rheinische Apfelroute« zu radeln. Das ist ein 124 Kilometer langer Radwanderweg durch die Gegend westlich von Bonn. Eine Etappe führt nach Norden aus Meckenheim hinaus.

Wenn man dieser Route folgt, kommt man nach kurzer Strecke nach Lüftelberg. Schon am Ortseingang steht ein Gruß aus der Römerzeit: ein gemauerter Steinbogen mit einem Stück Wasserleitung, dazu eine Infotafel. Auch der Römerkanal-Wanderweg führt hier vorbei. Mit dieser Wasserleitung wurde vor 2.000 Jahren Köln – damals Colonia – mit frischem Eifelwasser versorgt (nicht etwa die Eifel mit Kölsch, wie jemand in der Facebook-Gruppe mutmaßte). In Lüftelberg sieht man schon von Weitem den Kirchturm von St. Petrus. Dort ruhen die Gebeine der heiligen Lüfthildis. Auch wer sich für alte Knochen nicht interessiert, sollte doch die Grabplatte besichtigen, denn sie besteht nicht aus irgendwelchem Gestein, sondern aus »Aquäduktmarmor«. Ein tolles Zeug: In den alten Wasserkanälen der Römer passierte im Laufe der Jahre das Gleiche wie in unseren modernen Leitungen – sie verkalkten. Schicht um Schicht lagerte sich der Kalksinter auf dem Boden und den Wänden des Kanals ab. Schnitt man nun aus den zerfallenden alten Römerröhren Platten aus Kalksinter heraus, so hatten sie ein wunderschönes Marmormuster. Das machten sich die Hersteller der Grabplatte von Lüfthildis zunutze – und so können wir heute (nach Anmeldung) die wunderschöne Aquäduktmarmorscheibe besichtigen.

Ebenfalls hübsch: der alte Pfarrgarten mit seinen symbolträchtigen Beeteinfassungen – auch hier lohnt sich eine Führung.

Adresse St. Petrus, Petrusstraße 17, 53340 Meckenheim-Lüftelberg, Anmeldung für Lüfthildis: Tel. 02225/5067, die Rheinische Apfelroute findet man im Netz unter www.apfelroute.nrw | **Anfahrt** S 23 ab Bonn bis Meckenheim; Bus ab S-Bahnhof Industriepark; A 565 bis Meckenheim-Nord, L 261 bis Lüftelberg | **Tipp** In Rheinbach gibt es ein ganz neues Museum, das Römerkanal-Infozentrum – für alle, die mehr über die unglaublichen Wasserbauleistungen von vor 2.000 Jahren im Rheinland wissen wollen.

71 Der Dino-Zoo

»Das Leben findet einen Weg«

Nein, sie leben nicht. Die Saurier im Dino-Zoo sind nur Figuren, allerdings lebensgroße. Das Schöne daran ist, dass wir nicht gefressen werden beim Besuch – denn wie es ausgeht, wenn man Dinosaurier klont und großzieht, haben wir im Film gesehen: nicht gut! Metelen liegt im Münsterland, ganz im Nordwesten von Nordrhein-Westfalen. Im Sommer 2018 wurde hier ein Dino-Park eröffnet, der gut 200 teils riesige Sauriermodelle zeigt. Aber es gibt auch lebende Tiere. Kängurus zum Beispiel, Alpakas und Polarfüchse, außerdem Ziegen. (Ha! Die gab's in Jurassic Park auch, aber als T-Rex-Futter.) Nach und nach ist geplant, noch mehr moderne Tierarten zu halten. Bisher wirkte der Park manchen Besuchern noch zu leer. »Wie ausgestorben«, hat komischerweise noch niemand geschrieben …

WDR 2 Hörerin Yv Ha war dort. »An sich sehr süß gemacht für die Kids«, findet sie. Auch Nadine schreibt: »Sagen wir mal so, den Kindern hat es total gefallen.« Da schwingt ein bisschen mit, dass die Erwachsenen nicht komplett begeistert waren. Dinos sind ein Kinderthema, verblüffend viele Kinder können die kompliziertesten Sauriernamen auswendig. Kein Erwachsener könnte sie sich merken. Mickus wundert sich in der Gruppe: »Dachte, in unserer Generation war es ein Trend. Aber irgendwie ziehen sich diese Tiere durch alle Generationen.« Die Faszination liegt wahrscheinlich an der Mischung aus Grusel und der Sicherheit, dass die Riesenechsen ja ausgestorben sind. Der WDR 2 Stichtag vom 23. August 2010 legte sogar fest, dass das »heute vor 65 Millionen Jahren« geschehen ist – mit einem Augenzwinkern bei den sehr genauen Kollegen.

Was den Eltern der kleinen Dino-Experten in Metelen gefällt: Der Eintrittspreis ist zum Teil ein Verzehrgutschein und kann zum Beispiel in Currywurst umgesetzt werden. Und wie gesagt: Dass man hier nicht von einem Velociraptor gefressen wird, ist ja auch schon mal schön.

Adresse Samberg 60, 48629 Metelen, dinozoo-metelen.com | Anfahrt A 31 oder B 54; Bahn: RB 64 ab Münster bis Metelener Land, 20 Minuten Fußweg | Öffnungszeiten April–Okt. 10–18 Uhr, Hunde sind nicht erlaubt. | Tipp Wer Minden ansteuert (Nummer 72) und noch ein paar Minuten weiterfährt, stößt auf echte Dino-Spuren in Münchehagen am Steinhuder Meer, im dortigen Dino-Park.

72 Das Wasserstraßenkreuz

Drüber her und drunter weg

Der Mittellandkanal verbindet den Dortmund-Ems-Kanal mit der Elbe. Er ist eine richtige Wasser-Autobahn, die Schiffe können eine lange Strecke schleusenfrei fahren. Beim Bau, ab 1906, gab es aber ein kleines Problem: die Weser bei Minden in Ostwestfalen. Sie fließt 13 Meter tiefer als das Kanalniveau und kreuzt die Strecke. Die Lösung: eine Trogbrücke, die das Kanalwasser samt Schiffen über die Weser hinüberträgt. 1916 war die Brücke fertig, dazu kam noch eine »Autobahnabfahrt« – eine Schleuse, über die Abbieger zwischen Kanal und Weser hin und her wechseln können. Schließlich schippern auf der Weser ebenfalls dicke Pötte herum. Vor einigen Jahren wurde das Ganze noch erweitert, sodass wirklich große Schiffe die Passage benutzen können. Die neue Schachtschleuse (direkt neben der alten) wurde 2017 fertig.

Wasserstraßen-Kreuzungen dieser Art sind selten. In Deutschland gibt es nur zwei, die andere ist in Magdeburg. In Minden kann man die weitläufige Anlage zu Fuß von allen Seiten besichtigen, und man kommt sehr nah an die Schiffe heran. An der Schleuse ergibt sich vielleicht die Gelegenheit für ein Schwätzchen mit den Seeleuten. WDR 2 Hörerin Sandra schreibt: »Ein Freund wurde dort sogar mal eingeladen, mit durch die Schleuse zu fahren.«

Wer dazu Lust hat, kann das auch noch auf andere Weise tun: mit dem eigenen Boot oder als Passagier auf einem der Ausflugsdampfer, die hier regelmäßig verkehren. Die Mindener Fahrgast-Schifffahrt bietet verschiedene Rund- und Tagesfahrten an, und die 13 Meter hoch und runter in der Schleuse sind selbstverständlich ein Muss. Man sollte aber Zeit mitbringen: Bis die 4.000 Kubikmeter Wasser rein und raus sind, dauert es etwas. Am Fluss geht alles ein bisschen langsamer.

Auch die Jagd nach dem perfekten Foto könnte dauern. Aber irgendwann kommt der Moment. Dann fährt oben ein Schiff durch den Kanal, und gleichzeitig eins drunter weg.

Adresse Informationszentrum, Sympherstraße 12, 32425 Minden | **Anfahrt** RE ab Bielefeld, in Minden per Bus zum ZOB und weiter zur Schachtschleuse; Bootfahren: Mindener Fahrgastschifffahrt, Tel. 0571/6480800, mifa.com | **Tipp** Der Bahnhof Minden ist ein »Inselbahnhof«, er liegt zwischen den Gleisen. Mit dem Zug zu kommen, lohnt sich allein schon wegen dieser Besonderheit.

73 __ Der Barfußpfad

Nicht auf den Frosch treten!

Unsere Füße bestehen aus fast 30 Knochen, 60 Muskeln und über 200 Sehnen. Dass es nicht gesund ist, sie permanent in feste Schuhe zu stecken, ist logisch. Wer sie mal ein bisschen frei laufen lassen möchte, sollte nach Repelen in den Jungbornpark kommen. Hier am Niederrhein gibt es mehrere Strecken mit unterschiedlichen Bodenbelägen, die man barfuß absolviert. Von »Geh-Fühl« spricht man auf der Homepage des Barfußpfads.

Im Park gibt es Gratiswege, aber auch einen »Intensivbereich«. Ein Automat gewährt (gegen passendes Münzgeld) Einlass. WDR 2 Raus in den Westen-Reporter Michael Treis ist einem Hörertipp gefolgt und war vor Ort, sogar mit einer Instruktorin, die ihm gezeigt hat, wie es geht. Also Schuhe aus, die ersten Schritte führen über weichen Rindenmulch, dann etwas gröberen. Alles noch angenehm. Bei den runden Kieseln hörte man dann das erste »Aua!« und anschließend etwas jämmerlich: »Tut nicht sehr weh …« Bei dem Becken mit dem lehmigen Wasser mahnte die Führerin: »Und nicht auf den Frosch treten«, der sich wohl irgendwo darin versteckt. Am Ende traute Michael sich sogar, auch die Glasscherben zu betreten. Unverletzt konnte er im Studio davon erzählen.

Moers war früher ein Kurort. Emanuel Felke, der »Lehmpastor«, verhalf hier Anfang des 20. Jahrhunderts Menschen zu mehr Gesundheit. Die »Repelener Methode Licht-Luft-Wasser-Lehm« war eine Art Kur, um aus schlaffen Bürositzern gestählte Kaltduscher zu machen. Die Patienten wohnten in Licht-Luft-Hütten, einfachen Holzkonstruktionen. Geschlafen werden sollte möglichst auf dem Boden, dazu gab es kalte Bäder und Bewegung an der frischen Luft. Und eben Lehm: In eigens ausgehobenen Matschlöchern hinter der Hütte saßen die Kurgäste in Lehmwasser … die Kuren waren der Renner!

Eine nachgebaute Hütte im Park ist als Felke-Museum eingerichtet. Mittwochs und sonntags ist es geöffnet. Anreise gern barfuß.

Adresse Am Jungbornpark, 47445 Moers, barfusspfad-moers-repelen.de | Anfahrt Buslinie 4 ab Bahnhof Moers; A 42 bis Moers-Nord oder A 57 bis Moers-Hülsdonk | Öffnungszeiten April–Okt. 10–20 Uhr, Hunde verboten | Tipp Geleucht, Halde Rheinpreußen: »Liecht einfach toll und die Aussicht irgendwie schöner, als wennse vonne Hoheward runnakuckst« (WDR 2 Hörer Jürgen aus Dortmund).

74__Segelfliegen ab Wanlo

Rauf in den Westen

Arend Dechow ist bei WDR 2 Raus in den Westen, und seine Ausflüge spielen sich meist in der Gegend von Mönchengladbach am Niederrhein ab. Eine Sache unterscheidet ihn freilich von den Radlern, Kradlern, Wanderern und Autofahrern in der Gruppe: Er sieht alles von oben. Arend sitzt nämlich am liebsten im Segelflugzeug. In Wanlo ist der Segelflugplatz, wo er und seine Vereinsfreunde starten und landen. Wer sich das mal anschauen möchte, ist herzlich eingeladen vorbeizuschauen. Beim Segelfliegen kann man nah ran, am Boden geht es beschaulich zu … und mit ein bisschen Glück ist es sogar möglich, spontan mitzufliegen! Einfach fragen, meint Arend Dechow, die Chancen sind gar nicht so schlecht, dass man sich dazusetzen darf für eine Runde am Himmel. Teuer ist es auch nicht, gemessen an dem Erlebnis, sich die Gegend mal aus der Kanzel so eines Fliegers anzusehen. (Beim Fotografieren daran denken, die Kamera gut festzuhalten!)

Im Unterschied zu anderen Luftsportlern fliegen Segelflieger meistens nicht weit weg, sondern bleiben in der Nähe. Für Wanlo heißt das: Mönchengladbach, Erkelenz, die riesigen Flächen des Braunkohletagebaus, und nach einer Dreiviertelstunde setzt man dann wieder auf der Wiese auf. Ein bisschen Mut braucht man natürlich schon. Man wird in einen engen Sitz geschnallt, hinter dem Piloten, zum Start wird der Flieger an ein Seil gebunden und per Winde angezogen. In drei Sekunden ist man auf hundert, dann geht es steil nach oben, bis das Seil ausklinkt. Jetzt wird es gefährlich! Denn man sitzt unter einer Glaskuppel und ist der Sonne hilflos ausgeliefert. Wer keine Mütze dabei hat, bekommt leicht einen Sonnenbrand.

Den Segelflugschein darf man in Deutschland ab 14 Jahren machen und dann auch allein unterwegs sein. Höhenangst ist übrigens kein Hindernis. Arend hat ein Problem mit hohen Leitern, aber wenn er im Flieger sitzt, fühlt er sich himmlisch.

Adresse 51°06'03" N, 6°23'34" E, segelflug-mg.de | Anfahrt A 46 oder A 61 bis Dreieck Mönchengladbach-Wanlo, dann Richtung Wanlo und dort den Schildern »Segelflugplatz« folgen | Öffnungszeiten Segelflug etwa Mai–Nov., je nach Wetter | Tipp Nur fünf Kilometer entfernt, in Kückhoven, liegt einer von Deutschlands größten Flugplätzen für Ultraleichtflieger – falls Sie sich mit Motor sicherer fühlen als ohne.

75 Die Rieselfelder

Das Paradies der Abwasservögel

Immer wieder hat der Mensch das Gebiet nördlich von Münster verändert. Erst fällte man die Bäume, die hier ursprünglich wuchsen. Eine Heidelandschaft entstand. Die verwendete man ab 1900 als natürliche Kläranlage für die Abwässer der Stadt Münster. Man legte ein dickes Rohr und pumpte das Dreckwasser auf die Wiesen, die in Planquadrate eingeteilt wurden. »Verrieseln« war der Fachbegriff dafür – klingt nach einer Riesen-Umweltsauerei, war aber gar nicht so schlimm. Im Gegenteil: Die Münsteraner Abwässer düngten den Boden auf den Rieselfeldern, und Landwirte konnten Weizen anbauen, wenn das Wasser versickert war. Je größer Münster wurde, desto mehr Abwasser kam aus der Stadt, in den 1960er Jahren herrschte auf weiten Teilen der Felder ständig Land unter. Das zog Vögel an, die im flachen Wasser alles fanden, was sie zum Leben brauchten. Allerdings stank die Gegend ziemlich, das hielt die Menschen fern. Noch besser für die Vögel! 1975 bekam Münster eine Großkläranlage. Folge: Die Felder trockneten aus. Man überlegte, ein Industriegebiet aus der Fläche zu machen, aber Naturschützer retteten die Rieselfelder, die ab 1998 wieder bewässert wurden, jetzt mit sauberem Wasser. Und die Wasservögel kamen zurück. 130 Arten!

Heute ist das Gebiet ein Lieblingsziel: »Schöne Wege in einer schönen Landschaft« (WDR 2 Hörerin Stephanie aus Dortmund) – »Toll zu laufen, ein Muss für jeden Vogelbegeisterten« (Katrin) – »Tolles Ziel für einen Spaziergang mit Kindern« (Bernd) – »Fernglas nicht vergessen!« (Saskia aus Herbern).

2020 entstand ein Film über die Vogelwelt, »Drehkreuz Rieselfelder«, der auch im WDR-Fernsehen ausgestrahlt wurde. Man kann sich das vielfältige Leben hier also auch zu Hause im Sessel ansehen. Live ist aber besser! An der Biologischen Station gibt es sogar einen Parkplatz. Kommentar von Theresa aus Münster: »Der Münsteraner kommt aber ansonsten mit dem Fahrrad.«

Adresse Biologische Station, Coermühle 181, 48157 Münster | Anfahrt ab Bahnhof Münster mit Buslinie 4 Richtung Gelmer bis »Rieselfelder«, Fahrradstrecke unter biostation-muenster.org | Tipp Abwasser selbst machen! Das WC am Domplatz ist Münsters schönster Platz dafür, mit »Kunst am Klo«, Kronleuchtern und 4,6-Sterne-Bewertung bei Google.

76 Der Fossilienacker

Muschelschalen und Löwenzähne

Fossilien im Museum zu finden, ist keine große Kunst. Fossilien auf einem Acker in der Eifel zu finden, das ist schon was anderes. In Nettersheim geht beides, und die Chancen auf hübsche Funde sind bei beidem sehr hoch. Vom Bahnhof sind es nur ein paar Schritte bis zum »Naturzentrum«, einem Haus für Umweltbildung. Dazu gehört auch – direkt um die Ecke – das Haus der Fossilien mit einer Ausstellung. Zu den Funden aus der Region gehören vor allem Muscheln und Korallenstücke, denn wo wir heute leben, schwappten einst die Wellen eines flachen Meeres an touristenfreie Strände. Das war sicher ganz hübsch. Netterweise sind noch eine Menge Souvenirs aus dieser Zeit übrig. Wer sich ein paar davon sichern möchte, spaziert vom Museum 500 Meter nach Südosten und steht nun auf einem Acker. Wenn man sich genau umschaut, findet man ziemlich wahrscheinlich Korallenstücke – 380 Millionen Jahre alt und frei zum Mitnehmen! Eine Tafel gibt Hilfestellung, was man finden könnte. Allzu eifrige Sucher werden gebeten, für die später Kommenden noch etwas liegen zu lassen.

Wer den Spazierweg etwas ausdehnen möchte, geht den Löwenzahn-Erlebnispfad. Das ist eine Wanderung, die beim Naturzentrum startet und 20 Wissens-Stationen abklappert. Je nach Geduld kann man bei Station 3 schon zum Fossilienacker abkürzen, obwohl er eigentlich erst Nummer 16 ist. Davor geht es zum Beispiel um Römer, Bienen und Körperbeherrschung. WDR 2 hat den Weg auf Familientauglichkeit gecheckt, Fazit: Theoretisch ist der Löwenzahn-Erlebnisweg kinderwagentauglich, allerdings stellenweise sehr steil. Wer die ganze Schleife marschiert, ist sechs Kilometer unterwegs.

Was in der Gegend auch ganz toll sein muss, ist der Bienenstich »in diesem einen Café«, wie Fabian Raphael aus dem WDR 2 Morgenmagazin-Team immer schwärmt. Allerdings hat er leider vergessen, wo das genau war. (Gern Zuschriften für die nächste Auflage!)

Adresse Naturzentrum/Tourist-Info, Urftstraße 2–4, 53947 Nettersheim | **Anfahrt** A 1 Ausfahrt Nettersheim oder Regionalexpress ab Köln | **Öffnungszeiten** Mo–Fr 9–16, Sa, So 10–16 Uhr, Strandbad seit 380 Millionen Jahren geschlossen | **Tipp** Die Greifvogelstation in Hellenthal mit Geiern, Adlern, Eulen und so weiter ist nur ein paar Flugminuten entfernt.

77_Der Gasthof »Aubach«

Das macht 13 Euro 80!

Wer bei Google Maps nach dem Gasthof Aubach in Hengasch sucht, bekommt etwas ganz anderes angezeigt: den Gasthof Röttgen in Neunkirchen-Seelscheid im Bergischen Land. Das ist kein Navi-Fehler, sondern eine Umleitung mit Sinn. Denn das Aubach gibt es gar nicht, genauso wenig wie den Ort Hengasch. Dieses Städtchen wurde für die Krimiserie »Mord mit Aussicht« eigens erfunden. Darin geht es um eine Kommissarin, die von Köln in die tiefste Eifel versetzt wird, wo sie zunächst befürchtet, sich zu Tode zu langweilen. Es passiert dann aber doch genug für mehrere Staffeln gelungene TV-Unterhaltung.

Der Gasthof Aubach steht ganz besonders für das Provinzielle in der Serie. Die Zapfanlage von »Eifel Pilsener«, die angepinnten Postkarten von den Urlaubsorten der Stammgäste, die Bierkrüge im Regal hinter dem Tresen … als in Folge 18 ein Junge den Veggie-Burger bestellt, schauen alle auf: »Ohne Fleisch?«

Im »echten« Restaurant, das nicht in der Eifel, sondern bei Siegburg liegt, treffen sich Fans der Serie regelmäßig. Der Gasthof Röttgen bietet »traditionelle und frische Crossover-Küche« mit einer solide fleischlastigen Hauptspeisenkarte und ohne Veggie-Burger. Die Chefin (seit 2019) ist selbst Autorin von Krimi-Dinner-Geschichten – das passt!

Da es ein echtes Hengasch nicht gibt, musste die gesamte Serie in anderen Orten gedreht werden, zur Hälfte außerhalb der Eifel. Es gibt bei Facebook eigene Seiten, wo sich Serienkenner über die Locations austauschen (zum Beispiel »Hengasch forever«). Da erfährt man auch, dass Außenaufnahmen zum Teil in Kallmuth aufgenommen wurden, die Feuerwache in Hohkeppel, der Campingplatz an der Lingesetalsperre bei Marienheide und das Forsthaus von Vater Haas in Heckhaus bei Much. Das mal alles anzuschauen, ist schon eher Stress als bloß ein Sonntagsausflug. Dietmar »Bär« Schäffer würde sagen: »Mann, Mann, Mann, hier ist wieder was los …«

Adresse Kirchweg 6, 53819 Neunkirchen-Seelscheid, gasthof-roettgen.de | **Anfahrt** A 3 bis Rösrath, dann über Lohmar, die B 507 und B 56 bis Seelscheid | **Öffnungszeiten** Di, Mi Ruhetag | **Tipp** Wenn man die Hengascher Drehorte durchhat, kann man ja mal nach »Meuchelbeck am Niederrhein« suchen.

78 Die Insel Hombroich

Von Jan Malte Andresen,
WDR 2 Morgenmagazin Moderator

Wer wie ich den Westen noch erkunden muss, hat die Qual der Wahl, in welchem Winkel er seine Expedition denn beginnen oder fortführen soll. So bin ich auf der Insel Hombroich im Rheinland gelandet. Und was soll ich sagen, ich war baff!

Bei Ankunft innehalten. Innehalten, um seinen Blick schweifen zu lassen. Naturschönheiten aufzuspüren, aber auch Ecken und Kanten. Denn die Insel ist ein Museum inmitten unberührter Natur. Der Düsseldorfer Kunstsammler Karl-Heinrich Müller kaufte die Insel in den 1980er Jahren, wie sie war: von der schönen Erft umflossen mit verwildertem Park. Seine Idee: in Anlehnung an Paul Cézanne ein Museum mit »Kunst parallel zur Natur« zu schaffen. Es ist ihm gelungen. Die »begehbaren skulpturalen Architekturen« sind in der Natur verteilt. Sie führen den Blick und verwirren gern den Besucher. Sie eröffnen Perspektiven und lenken die Aufmerksamkeit. Ein wunderbares Konzept!

Man macht einen Spaziergang durch das Labyrinth, auf den Turm, in den Tadeusz-Pavillon (nein, nicht der Kollege aus dem Radio – der heißt Thadeusz) oder durch die Schnecke. Das alles sind Bauten für eine Kunstsammlung, die einen umhaut – und teilweise selbst Skulpturen, in denen wiederum Kunst ausgestellt wird. Auf künstliche Beleuchtung wird verzichtet, auf alles erklärende Schilder auch. Trotzdem parliert man hinterher wie ein Kunstkenner: hier ein Giacometti, da ein Yves Klein. Ein Mobile von Calder trifft auf Kunst von Arp, Cézanne oder Matisse. Herrschaftszeiten! Und so etwas mitten in Neuss … Und wer Lust auf mehr hat, sollte sich auch die ehemalige NATO-Raketenstation ansehen. Kunst in Hallen, Hangars, Bunkersystemen. Sitz der Langen Foundation. Mit mehr großen Namen: Picasso, Schwitters, Max Ernst und Dalí. Fast zu viel Futter für den Kopf. Ich muss wiederkommen. Denn bis zur japanischen Kunst bin ich gar nicht gekommen.

Adresse Minkel 2, 41472 Neuss | Anfahrt ab Düsseldorf Hauptbahnhof Straßenbahn 709 nach Neuss, ab Landestheater Bus 877 bis Insel Hombroich (oder »Bergerhof« für Raketenstation); A 57 Neuss-Reuschenberg oder A 46 Grevenbroich-Kapellen | Tipp Kunstschnee gibt's drei Kilometer weiter, in der Skihalle Neuss.

79 Camping in Abenden

Die Open Air Condition

In fast jedem Sommer gibt es inzwischen eine Hitzewelle, unter der der Westen dann kollektiv stöhnt. In den Wohnungen gehen die Temperaturen auch nachts nicht mehr unter 26 °C, und rausgehen ist auch keine Lösung – denn von da kommt die Hitze ja her!

Es gibt einen Platz bei Nideggen in der Eifel, der kann an diesen Tagen die Rettung sein: Man stellt sein Zelt an die Rur und profitiert damit von einer natürlichen Klimaanlage. Denn das Eifel-Flüsschen ist hier den ganzen Sommer über gleichmäßig kühl. Fabian Raphael aus dem WDR 2 Morgenmagazin-Team war mit dem Thermometer da: Es sind nur 8 °C. Sicher ist: Hier kann man cool campen und kühl zelten. Der Campingplatz der Familie Saurbier in Abenden bei Nideggen liegt nämlich direkt am Wasser, er hat quasi »Open Air Condition«. Falls Sie jetzt sagen: Das ist *zu* kalt … Daniel Chur (WDR 2 Essen) war da und empfiehlt uns Warmduschern das Freibad gleich um die Ecke. »Die machen das mit Herz!«, schreibt er … und etwas mehr Wärme.

Wer sich in Abenden tagsüber bewegen möchte, kann den Felsenrundgang machen. Das ist ein Teil des Wanderwegs Buntsandsteinroute, der Richtung Nideggen (und rauf bis Kreuzau) führt. Hier gleich die Warnung: Von Abenden aus geht es eigentlich in alle Richtungen bergauf. Und da sind knackige Anstiege dabei! Unterwegs kommt man an den Effelsfelsen vorbei, einer Felsgruppe mit Höhen von zwölf bis 20 Metern. Sie sind ein Paradies für Kletterer mit 150 markierten Routen. Einfach so an den Haken hochkraxeln ist nicht erlaubt, erst braucht man ein Kletterticket von der Stadt Nideggen. Das ist zum Beispiel erhältlich am Nationalpark-Tor Nideggen (Im Effels 9). Damit soll sichergestellt werden, dass die Natur nicht zu sehr gestört wird. Mit den Einnahmen finanziert die Stadt auch die Pflege der Kletterrouten.

Jetzt sind doch wieder anstrengende Aktivitäten dazwischengerutscht. Eigentlich sollte hier nur stehen: zu heiß? Auf nach Abenden!

Adresse Rurweg 1, 52385 Nideggen, camping-abenden.de | Anfahrt ab Düren oder Heimbach mit RB 21 stündlich bis Haltepunkt Abenden; A 1, über Zülpich nach Nideggen, dann L 249 bis Abenden | Tipp Bester Name, bester Blick: Der Krawutschketurm, benannt nach dem großen Wanderer Franz Krawutschke, bietet an guten Tagen eine Aussicht bis zum Kölner Dom.

80 Der Elmpter Schwalmbruch

Wo der Gagel blüht und die Moorschnucken grasen

Mal raus mit dem Hund (in den Westen), das ist ein häufiger Anlass für Ausflüge. Die Frage »Wohin mit Hund?« wird oft gestellt. Mehrmals lautete die Antwort: Elmpter Schwalmbruch. Darunter kann sich kein Mensch etwas vorstellen, deswegen haben wir in die Karte geschaut. Aha, da liegt's: bei Niederkrüchten, hinter Mönchengladbach, kurz vor Roermond (das ist das mit den billigen Jeans).

Elmpt ist ein Ortsteil von Niederkrüchten, die Schwalm ist ein Fluss, und Bruch bezeichnet eine Moorlandschaft. Damit sind die Grundlagen geklärt. Das heißt aber nicht, dass jetzt Schluss ist mit neuen Begriffen – da kommt noch eine Handvoll.

Einige Ausflugsziele in der Gegend haben sich zusammengetan zur »Wasser-Wander-Welt«. Auch der Schwalmbruch gehört dazu. Mehrere Wanderwege sind markiert und ausgebaut, einige sogar rollstuhlgerecht, wie WDR 2 Hörerin Tanja berichtet, die einen wunderschönen Herbsttag in Wald, Moor und Heide erlebt hat: »Wer frühmorgens kommt, dem glitzern Spinnweben auf den überwiegend verblühten Heidepflanzen entgegen, und wenn dann noch der Nebel wabert …« Dietmar aus Köln fand die Aussichtstürme toll und erwähnte, dass man vor Ort Räder leihen kann, Annelie hat prächtige Fliegenpilze fotografiert, Andrea wollte einen der Rundwege gehen, »eigentlich nur 15,5 Kilometer. Aber irgendwie bekommen wir es immer hin, uns zu verlaufen.« Am Ende waren es über 20 Kilometer.

Was gibt es zu sehen? Wie angekündigt, kommen jetzt Vokabeln, die man notfalls nachschlagen muss: Moorschnucken und Wiesenpieper kann man beobachten, während der Gagelblüte im Frühsommer hört man die Teichrohrsänger, in der Dämmerung wird der Ziegenmelker aktiv. Es gibt doch immer etwas zu entdecken und zu lernen in unserem Bundesland. Und wenn es nur sein sollte, dass der Elmpter Schwalmbruch eine prima Gassirunde ist.

Adresse Wanderparkplatz Kamerickshof, Swalmener Straße 2, 41379 Brüggen | Anfahrt B 221 bis Brüggen (oder A 52 bis Elmpt zum Parkplatz Tackenbenden); ab Bahnhof Swalmen (Niederlande) zwei Kilometer Fußweg, Karten als Download auf der Wasser-Wander-Welt-Webseite wa-wa-we.de | Tipp Ein Stückchen hinter Roermond liegt Thorn, die »weiße Stadt«. Die meisten Häuser des 1.000 Jahre alten Ortes sind aus historischen Gründen einfarbig weiß.

81 Die Baumberge

Der Gipfel für Flachlandwestfalen

Billerbeck. Havixbeck. Nottuln. In diesem Dreieck liegen die Baumberge. Wem alle drei Orte nichts sagen: Münsterland! WDR 2 Hörer Dieter Meiners war einer derjenigen, die eine Zu-Fuß-Tour von Havixbeck über den Ludgerusweg nach Billerbeck vorgeschlagen haben. »Oder umgekehrt! Circa zwölf Kilometer.«

Mit diesen Angaben im Kopf können wir nun über die Baumberge sprechen. Sie sind schon lange ein Naherholungsziel. Ein WDR-Radiobeitrag aus dem Jahr 1968 beginnt so: »Wo fährt der Münsterländer – der Flachland-Westfale also –, wo fährt er hin, wenn er Berge und Täler sehen, aber nicht allzu weit fahren will? In die Baumberge.« Als Bergvagabund könne man sich dort freilich nicht fühlen, heißt es weiter, und das stimmt natürlich. Die höchste Erhebung, der Westerberg, schafft grade mal 188 Meter über Meeresniveau. Der Fachmann spricht nicht von Bergen, sondern von einem flachwelligen Hochplateau. Um das zumindest ein bisschen aufzustocken, hat der örtliche Wanderverein einen Aussichtsturm draufgesetzt. So kommen 24 Meter bis zur Besucherplattform dazu, und weil die restliche Gegend ja schön eben ist, kann man richtig weit gucken. Der »Longinusturm« steht schon seit 1901, er wurde benannt nach dem Vorsitzenden eines Wandervereins. Sein Spitzname lautete Longinus, weil er 1,92 Meter groß war. Von Aussicht verstand er was!

Wenn die »Flachland-Westfalen« also den Aufstieg auf den Westerberg geschafft haben, können sie sich am Fuß des Turms stärken. Dafür gibt es ein Café, je nach Temperament nimmt man Kaffee und Kuchen oder ein Weizenbier. Dann geht es auf die nächste Etappe. Adelhaid lotst uns zu den Steverquellen, ein Stück bergab: Regen, der auf die Baumberge fällt, versickert ganz tief, das liegt am Untergrund. Irgendwo kommt das Wasser dann wieder hervor, als Quelle, an der man sich erfrischen kann, bevor man sich an den beschwerlichen Abstieg zurück ins tiefe, tiefe Tal macht.

Adresse Longinusturm, Baumberg 45, 48301 Nottuln | Anfahrt Billerbeck und Havixbeck sind per Regionalbahn aus Münster oder Coesfeld zu erreichen. | Öffnungszeiten Turmcafé 1897 Di–Sa nachmittags, So 11–18 Uhr | Tipp Die Abtei Gerleve zwischen Coesfeld und Billerbeck, ein Ort der Ruhe (mit Restaurant), dem man sich über viele »Pättken« aus verschiedenen Richtungen nähern kann.

82 Die Siedlung Eisenheim

Zeitgemäß? Oh ja!

Die älteste Arbeitersiedlung des Ruhrgebiets. Raus in den Westen? Viele sind hier ihr ganzes Leben nicht rausgekommen. Sollte man das als Vorschlag für eine kleine Reise in Nordrhein-Westfalen aufnehmen? Ja klar, unbedingt! Norbert Großer, von dem der Tipp stammt, brennt dafür.

Die Geschichte beginnt in den 1840er Jahren. Die Gutehoffnungshütte brauchte Wohnraum für die Arbeiter. Auf einem Acker wurden die ersten Häuser errichtet, zunächst für höherqualifizierte Mitarbeiter der Eisenhütte, dann auch für die einfacheren Arbeiter und die Bergmänner der benachbarten Zeche Osterfeld. Für jede Familie gab es hinter dem Haus einen Garten mit Stall zur Selbstversorgung.

Im 20. Jahrhundert ging es mit Kohle und Stahl bergab. In den 1970er Jahren sollte die Siedlung verschwinden. »Nicht mehr zeitgemäß.« Hochhäuser sollten her, wie in anderen Städten. Die gewachsene Siedlungskultur mit ihrer eng verflochtenen Nachbarschaft, mit Taubenzucht, frei laufenden Kindern und den Grillabenden sollte weg. Doch die Bewohner wehrten sich. Sie gründeten eine Bürgerinitiative, organisierten den Widerstand, auch wenn es zunächst aussichtslos erschien. Roland Günter, Kunst- und Kulturhistoriker, der damals dabei war, erzählte später: »Außer der Presse waren alle gegen uns: die Gewerkschaften, und die politischen Parteien durch die Bank.« Jahrelang dauerte der Kampf um Eisenheim, 1977 stand fest: Die Häuser bleiben!

Ein Haus, vier Eingänge, vier Familien. Jeder für sich und doch mit den anderen zusammen. So wohnt man hier. Der Kitt zwischen den Bewohnern mag nicht mehr so fest sein wie damals, als alle auch das Gleiche arbeiteten. Man lebt heute anders in Eisenheim als vor hundert Jahren – auf jeden Fall besser als in einer Hochhaussiedlung. Gut, dass die älteste Arbeitersiedlung im Westen erhalten geblieben ist, nicht nur als Museum, sondern als Lebensraum – und als Ausflugsziel.

Adresse Museum Eisenheim, Berliner Straße 10a, 46117 Oberhausen (ab hier auch Führungen) | Anfahrt Straßenbahn 112 ab Bahnhof Oberhausen, Buslinien SB 90, 98, 980; A 42, A 516 Ausfahrt Eisenheim | Tipp Mehr Siedlungen: »Teutoburgia in Herne ist die schönste, Dahlhauser Heide in Bochum die gemütlichste«, sagt WDR 2 Hörer Norbert Großer.

83 Der Vierjahreszeitenpark

Gartenschau und mehr seit 2001

Pfannkuchenglück! Ein Wort, das bei jedem sofort positive Gefühle auslöst. So heißt einer der Kochkurse für Jugendliche, die im Vierjahreszeitenpark in Oelde im Münsterland angeboten werden. Auch für Erwachsene gibt es Kurse hier, zum Beispiel in regionaler Küche. Dies ist kein normaler Park, wie man wohl schon merkt. Ein Kindermuseum, Spielplätze, eine Konzertbühne und ein Freibad teilen sich das alte Gartenschaugelände. Café und Kiosk fehlen natürlich auch nicht. Wer nicht richtig vorbereitet ist für einen Freizeittag, kann alles mieten, was man braucht, vom Badmintonschläger bis zur kompletten Picknickhütte.

Vierjahreszeiten heißt das Ganze, weil der Park – bis auf das Freibad – rund ums Jahr geöffnet ist. Das Kindermuseum Klipp-Klapp teilt das Jahr sogar in acht Öffnungszeiten ein – ein Blick auf die Homepage empfiehlt sich dringend. Dort findet man auch Sonderveranstaltungen wie Honigkurse am Lehrbienenstand, wo man Imkern über die Schulter schauen kann.

Am Park führt die Strecke der »Landesgartenschauroute« vorbei – ein Radweg von Lünen bis Paderborn (186 Kilometer), der die Schauplätze von sieben Gartenschauen verbindet. Diese »LAGAs« waren das Start-Event für viele schöne Ziele in diesem Buch, zu denen auch noch Jahre später Sonntagsurlauber pilgern. Lünen, Hamm, Oelde, Rheda-Wiedenbrück, Rietberg, Bad Lippspringe, Paderborn sind die Stationen des Radwegs, den man hier und da auch per Bahn wieder verlassen kann.

Wenn es noch ein Abstecher sein darf: Nahe Oelde liegt das »Geisterholz«, ein Wandertipp aus der WDR 2 Raus in den Westen-Gruppe. Ein Blick ins WDR 2 Archiv lohnt sich: Im Geisterholz fand 1960 eine »Diplomatenjagd« statt, mit internationalen Gästen. Ein NRW-Minister zeigte sich danach im Radio hochzufrieden: »Es wurden weder Treiber noch Diplomaten angeschossen. Das wäre peinlich gewesen.«

Adresse Konrad-Adenauer-Allee 20, 59302 Oelde, vier-jahreszeiten-park.de | **Anfahrt** RB aus Bielefeld und Münster, RE aus Köln und Minden, 15 Minuten Fußweg vom Bahnhof | **Öffnungszeiten** Mai–Okt. täglich 9–19 Uhr, sonst kürzer; Hunde im kostenpflichtigen Teil des Parks verboten | **Tipp** Die Brauerei Pott's in Oelde wartet mit einem Biermuseum auf. Betriebsbesichtigungen gibt es ebenfalls. Verkostung ist sicher überall in der Stadt möglich.

84_Die Senne

Verflossene Geschichte, zerschossene Panzer

Gleich mehrere Ausflugsziele bietet die Senne, eine Naturlandschaft im Dreieck Detmold, Paderborn und Schloss Holte-Stukenbrock. Eine Wanderung könnte zum Beispiel am Freilichtmuseum Oerlinghausen in Lippe beginnen. In der Nähe grasen Hochlandrinder und Wildpferde. Das Museum selbst bietet Eiszeitliches bis Frühmittelalterliches und zeigt die Geschichte beispielsweise anhand von Gebäuden und Nutztieren. Regelmäßig finden auch Kurse in Pfeil-und-Bogen-Bau oder Schmieden statt.

Nicht überall geht es so beschaulich zu wie am Museum. Knapp die Hälfte der Senne wird als Truppenübungsplatz genutzt. Auch dort verbringen aber einige Mitglieder der WDR 2 Raus in den Westen-Gruppe gern ihre Sonntage. Dabei steht nicht Panzerfahren oder Zielschießen auf dem Programm, sondern wiederum Naturbeobachtung. Viele seltene Pflanzenarten konnten sich auf dem Militärgelände ausbreiten. Es wächst so manches, was anderswo beim Bau von Industriegebieten oder Wohnsiedlungen unter die Räder kommt. Hobby-Fotografen freuen sich darüber, genau wie über die von Geschossen zersiebten Militaria.

In diesem Teil der Gegend kommt man sich leicht vor wie in einer anderen Welt. Wo von Montag bei Freitag oft Lebensgefahr herrscht, weil für Krisen und Krieg trainiert wird, dürfen an übungsfreien Tagen Neugierige durchfahren. Vor allem an den Wochenenden ist die Schranke meist offen, wochentags ist die Senne oft gesperrt. Am besten erkundigt man sich vorab nach den Öffnungszeiten der Durchfahrtsstraßen. Manchmal wird halt geballert. Die Briten, die hier die letzten 70 Jahre übten, sind zwar zum großen Teil abgezogen, aber die Bundeswehr und eingeladene NATO-Partner nutzen die Senne weiter. Wenn die Durchfahrt frei ist, kann man mit dem Auto rein. Es sind auch Radfahrer unterwegs. Überall mahnen aber Schilder: nicht parken, nicht querfeldein! Vorsicht vor Blindgängern! Besser, man hält sich dran.

Adresse Archäologisches Freilichtmuseum: Am Barkhauser Berg 2–6, 33813 Oerlinghausen | **Anfahrt** A 33 Ausfahrt Paderborn-Sennelager; Museum: Ausfahrt Schloss Holte | **Öffnungszeiten** Durchfahrtszeiten Senne: bfgnet.de, Stichwort »Sennelager Range Access« | **Tipp** Augen nach oben! Am Flugplatz Oerlinghausen kann man Segelfliegern zuschauen.

85 Die Bruchhauser Steine

Wenn der Schuh drückt

Bruchhausen ist ein Ortsteil von Olsberg im Hochsauerlandkreis. Bekannt ist er für vier bis zu 92 Meter hohe Steine: Bornstein, Goldstein, Ravenstein und Feldstein, alle aus Quarzporphyr. Die hatte der liebe Gott im Schuh, als er die Welt erschaffen hat, beim Ausschütteln landeten sie hier. Die geologische Erklärung ist etwas komplizierter und hat mit einem Unterwasser-Vulkanausbruch zu tun. Mehr erfährt, wer vor Ort eine Führung macht.

Den Feldstein kann man auf eigene Faust erklettern, selbst wenn man ungeübt ist. In den Fels gehauene Stufen und ein Geländer helfen. Wenn man oben steht, ist die Aussicht erhebend. WDR 2 Hörer Wilhelm hat's gemacht, trotz Arthrose in den Knien, und er fordert: »Besteigen unbedingt notwendig!« Das gilt allerdings nicht für die anderen Felsen. Da wachsen Pflanzen und Flechten, die es woanders kaum mehr gibt, deswegen darf man nicht auf sie kraxeln. Die Bruchhauser Steine waren das erste »Nationale Naturmonument« in Nordrhein-Westfalen und stehen unter besonderem Schutz. Wanderfalken und Uhus brüten auf ihnen.

Menschen waren schon immer fasziniert von den vier Brocken. Vor 200 Jahren besuchte die Dichterin Annette von Droste-Hülshoff den Ort – und vor 2.500 Jahren bauten eisenzeitliche Vorfahren einen Wall aus Steinen um die Bergkuppe. Möglicherweise dienten sie als Kultstätte. Im Info-Center kann man sich uralte Fundstücke anschauen, die Archäologen in der Gegend ausgegraben haben.

Manche Leser haben schon die ganze Zeit die Frage im Kopf: Olsberg, Olsberg … da war doch was? WDR 2 Hörerin Andrea erinnert sich: »Da spielte doch die Buchreihe ›Bummi‹ aus den 1980er Jahren!« Stimmt fast – Martha Schlinkert erfand ihre Kinderbuchheldin bereits in den 1950er Jahren, legte dann aber viele Jahre lang Bände nach. Unter anderem isst Bummi etwas Erde, um herauszufinden, ob das Sauerland denn auch sauer schmeckt. Zur Nachahmung nicht empfohlen.

Adresse Info-Center Bruchhauser Steine, 59939 Olsberg, Tel. 0160/7506458 | Anfahrt bis Olsberg mit der Bahn, dann Bus R 31; A 46 Bestwig, B 480 bis Assinghausen, links nach Bruchhausen | Öffnungszeiten April–Okt. Di–So 10–18 Uhr, Nov.–März Fr–So 10–15 Uhr | Tipp Der Langenberg ist der höchste Berg von Nordrhein-Westfalen, gut einen Meter höher als der Kahle Asten! Ab Bruchhausen über Wanderweg B 3 erreichbar.

86 Der Wald-Wasser-Wolle-Weg

Mit Kaffekanne, Elefantengott und Dampfmaschine

Radevormwald ist eine der ältesten Städte im Bergischen Land, mit Stadtrechten seit 700 Jahren. Mit der ereignisreichen Geschichte wäre 1802 beinahe Schluss gewesen. Damals brannte Rade nämlich fast komplett ab. Eine alte Familienchronik vermerkt die Brandursache: »Wie man anders nicht denken kann, durchs Bier Brauen.«

Sie haben alles wieder aufgebaut, typisch bergisch mit Schiefer und Fachwerk, es ist sehr hübsch. Der Wald-Wasser-Wolle-Weg, den WDR 2 Hörer Michael Göbel vorgeschlagen hat, startet in der Stadt und orientiert sich dann zum Wiebach. Man passiert das Viertel Kaffekanne (dem in der Mitte ein e und überhaupt ein Café fehlt) und kann über einen Abstecher ins Asiatische Museum nachdenken. Dort gibt es Schaustücke aus mehreren Kulturen Asiens.

Wenn alle Buddhas und Ganesha besichtigt sind, geht es weiter zur Wuppertalsperre. Am Ufer entlang erreicht man bei Krebsöge die Staumauer und überquert sie. Der nächste Anlaufpunkt ist Dahlhausen mit seinem Museumsbahnhof, danach kommt Dahlerau mit dem Wülfing-Museum – ein Industriemuseum mit Schwerpunkt Textilien in den alten Mauern von Johann Wülfing & Sohn. Die Gegend war einmal ein Textilzentrum, als man mit so etwas noch Geld verdienen konnte. Mit Wasserkraft und später mit Dampfmaschinen wurde in Dahlerau Tuch hergestellt. 1996 macht Wülfing nach gut 300 Jahren zu. Wohl kaum irgendwo anders bekommt man ein historisches Textil-Prüflabor zu sehen, ein Gang durch die Hallen lohnt sich.

Jetzt geht es bergauf und auf die Stadt Radevormwald zu. Kurz bevor wir wieder am Startpunkt sind, in der Hohenfuhrstraße ein Blick auf die Uhr – außer wenn's regnet oder mal wieder bedeckt ist: Die Lutherische Kirche verfügt über eine Sonnenuhr (mit Sternbildanzeige!), eine Seltenheit in dieser Gegend. So etwas beim launischen bergischen Wetter zu montieren, ist ja auch eine sehr optimistische Idee!

Adresse Start der Wanderung Parkplatz Hohenfuhrstraße 11, 42477 Radevormwald; Museum für Asiatische Kunst, Sieplenbusch 1; Wülfing-Museum, Am Graben 4–6 (Dahlerau) | **Anfahrt** A 1 bis Remscheid, dann über Lennep und die B 229 | **Öffnungszeiten** Museum für Asiatische Kunst Di–So 11–17 Uhr, Wülfing-Museum So 11–17 Uhr | **Tipp** Das Rokoko-Gartenhaus von 1772 ist schon mal umgezogen! Jetzt zu besichtigen im Park an der Telegrafenstraße.

87 Die Femeiche

Wir sehen uns vor dem Gerichtsbaum!

Ein Ausflug ins Mittelalter ist der Besuch der dicken Eiche in Raesfeld im Westmünsterland. Eine Henkerschlinge und ein Schwert auf einem Stein in der Nähe zeigen an: An dieser Stelle wurde früher Recht gesprochen, und zwar zu Zeiten, als es beim Bestrafen ums Ganze ging: Wer hier schuldig gesprochen wurde, musste damit rechnen, gehängt zu werden. »Femgericht« wurde das Verfahren genannt. Als feierlichen Hintergrund (und möglicherweise auch Exekutionsort) nahm man gern einen ehrfurchtgebietenden Baum. Die Freiluftgerichte gibt es nicht mehr, aber der Baum ist noch da: die Raesfelder Femeiche mit einem Stammumfang von über zehn Metern.

Katrin kommentiert: »Wenn Bäume erzählen könnten« … Oh ja, das wäre sicher interessant. Zum Beispiel könnte man dann fragen, wie alt die Eiche wirklich ist. Innen ist der Stamm hohl. Das ist schon lange so. Es gibt 200 Jahre alte Berichte von festlichen Essen am gedeckten Tisch im Inneren der Eiche, damals wurde darin auch geheiratet. Die Altersschätzungen schwanken zwischen 700 und 1.500 Jahren. Ziemlich sicher ist sie Europas ältester Gerichtsbaum und wohl auch die älteste Eiche in Deutschland. Verblüffenderweise bringt die Femeiche trotz allem bis heute grüne Blätter hervor. Sie wird gepflegt, gestützt und geschützt.

Die Eiche ist nicht das einzig Sehenswerte in Raesfeld. Da ist auch noch das Schloss. WDR 2 Hörer Mito hat ein Foto vom runden Turm samt Wassergraben gepostet: »Hier würde ich auch gern wohnen!« Gleich trafen aber jede Menge Warnungen ein: »Wenn du es kaufst, achte drauf, ob der Keller feucht ist!« – »Runde Wände, gibt das nicht Probleme mit den Möbeln?« – »7.643.945 Mücken gefällt das.«

Schlossbesucher aufgepasst: Für Missverständnisse könnte das Schild »Naturparkhaus« sorgen. Das ist gar kein Parkhaus, sondern das Empfangsgebäude des Naturparks! Beobachten kann man in diesem Tiergarten Wild und Vögel.

Adresse Ekhornsloh 8, 46348 Raesfeld (Ortsteil Erle) | **Anfahrt** A 31 Ausfahrt Schermbeck, dann B 224 nach Raesfeld-Erle | **Tipp** Der Tiergarten am Schloss! Adresse: Hagenwiese 40 in 46348 Raesfeld.

88 Die gemischte Tüte

Vom Hafen bis zum Drachen

Wenn man im Ruhrgebiet an eine Trinkhalle kommt und nicht so recht weiß, welche Art Bömskes man möchte – und es gibt ja so viele –, dann nimmt man die gemischte Tüte. Nach diesem Prinzip funktioniert auch unser Kapitel zu Recklinghausen. Wir lassen uns ein bisschen treiben und folgen dabei zum Beispiel den Tipps von WDR 2 Hörerin Gabriele. Sie wohnt in Recklinghausen und feiert ihre Heimatstadt in vielen Beiträgen. Beginnen wir beim Hafen an der Stadtgrenze zu Herne. Mit den Füßen im Sand kann man da in Wassernähe sitzen, denn das Gelände ist eine Strandbar mit aufgeschüttetem Sand.

Jetzt was (Wortspielalarm!) Spannendes: Das Elektrizitätsmuseum »Strom und Leben«, gleich um die Ecke, ist passend untergebracht in einem alten Umspannwerk. Thema ist alles, was mit Strom zu tun hat. Zum Beispiel kann man einen alten Straßenbahnwagen besichtigen, es gibt aber auch eine Handy-Sammlung. Viele Exponate sind zum Anfassen, auf manche Geräte kann man sich auch setzen. Nämlich die E-Bikes, die zum Verleih angeboten werden, zum Beispiel für eine Testfahrt zum nächsten Ziel: dem ehemaligen Faulturm der alten Kläranlage von Herne. Er steht zwischen Kanal und Emscher und sieht gar nicht mehr nach Klärwerk aus. Die Künstlerin Silke Wagner hat ihn mit einem 600 Quadratmeter großen Mosaik ummantelt. Darauf sind Szenen und Texte zu sehen, die mit historischen Bergarbeiterprotesten zu tun haben. Die gab es immer wieder, wegen der Arbeitsbedingungen oder auch wegen drohender Schließungen.

Das Trainingsbergwerk nahe der alten Zeche Recklinghausen II ist noch so ein Ziel, das mit Pott-Geschichte zu tun hat: Ehemalige Bergleute vermitteln dort bei Führungen einen Einblick in die Arbeit unter Tage, wie sie bis vor einigen Jahren aussah. Und ein paar Schritte weiter schlängelt sich die Drachenbrücke für Fußgänger und Radfahrer zur Halde Hoheward.

Das war's für heute fürs Tütchen.

Adresse Strandbar, Am Stadthafen 10, 45663 Recklinghausen; Umspannwerk, Uferstraße 2–4, 45663 Recklinghausen; Faulturm, Vockenhof 1, 44629 Herne; Trainingsbergwerk, Wanner Straße 30, 45661 Recklinghausen; Drachenbrücke, Cranger Straße, 45661 Recklinghausen | Anfahrt per Bus SB 20 ab Bahnhof Recklinghausen bis Kanalbrücke | Tipp Termine für den »Tag der Trinkhallenkultur« auf www.tagdertrinkhallen.ruhr für Fans der gemischten Tüte.

89__Das Röntgenmuseum

Museum mit X

Röntgenmuseum – unbedingt mal reinschauen! Es spricht für die Mitschreiber von WDR 2 Raus in den Westen, dass diesen Kalauer bisher niemand bei Facebook gepostet hat. Na ja, jetzt steht er hier.

»Viel zu schauen für überschaubares Geld«, teilt jedenfalls WDR 2 Hörerin Sandra mit, die mit ihrem zwölfjährigen Sohn da war. Sie fand es faszinierend, ihre eigene Hand – als Simulation – als Knochengerüst in Bewegung zu erleben. Ihr Sohn war eher gefesselt von einem geröntgten Playstation-Controller, so hatte jeder was zu gucken. Das Museum zu Leben und Werk von Wilhelm Conrad Röntgen im Remscheider Stadtbezirk Lennep im Bergischen Land sieht von außen unscheinbar aus: Schieferfassade, weiße Fensterrahmen zu schwarzen Fachwerkbalken, grüne Läden (die Farben sind der »Bergische Dreiklang« und in der Gegend teilweise in den Bauvorschriften verankert). Ein Gebäude wie viele andere hier, von dem großen X abgesehen, das davorsteht. Innen und in dem hochmodernen Anbau jedoch muss das Museum den Vergleich mit größeren Häusern nicht scheuen: Schicke Hörsessel, viel Glas, Touchscreens mit selbst abrufbaren Infos stehen für moderne Technik, passend zu Röntgens damals revolutionärer Entdeckung, den X-Strahlen. »Ich fühle mich nur wohl, wenn ich experimentieren kann«, soll Röntgen gesagt haben. Das können nun auch die Besucher, vor allem junge. Ein eigenes Schülerlabor vermittelt Kenntnisse über Strahlen, Radioaktivität und alles, was man so durchleuchten kann.

Röntgen verbrachte seine ersten drei Lebensjahre in Lennep, dann zog die Familie in die Niederlande. Sein Geburtshaus (Gänsemarkt 1) ist seit 2020 ebenfalls zu besichtigen. Mit 18 flog er übrigens von der Schule. Es ging um eine Lehrerkarikatur an der Tafel. Trotzdem brachte er es zum Nobelpreisträger. Dies nur als kleine Beruhigung für alle Eltern, die im Museum stehen und an ihrem ungezogenen Nachwuchs verzweifeln.

Adresse Schwelmer Straße 41, 42897 Remscheid (Parken: Hardtstraße), roentgenmuseum.de | Anfahrt ab Wuppertal oder Solingen Hauptbahnhof mit der S 7 nach Lennep | Öffnungszeiten Di–So 10–17 Uhr, das Museum ist barrierefrei | Tipp Am Museum vorbei führt eine Jakobsweg-Etappe zur Eschbachtalsperre – sie ist von 1891 und damit Deutschlands älteste Trinkwassersperre.

90 Ins Kloster und zurück

Salzpavillon, Teesalon, Zoobistro

Rheine im Münsterland liegt direkt vor der Landesgrenze zu Niedersachsen. Jahrhundertelang war es vor allem bekannt für die Salzproduktion. Ein Spaziergang dort kommt deshalb nicht ganz salzlos aus. WDR 2 Hörerin Mar En schlägt vor: »Saline besuchen, atmen, Salz auf den Lippen schmecken, dann durch den Wald zum Kloster Bentlage spazieren.«

Die Saline heißt »Gottesgabe« und hat seit Kurzem eine neue Attraktion: eine Schau-Siedepfanne. Bei einer Gruppenführung bekommt man gezeigt, wie das früher gemacht wurde mit der Salzgewinnung. Außerdem gibt es ein Gradierwerk (siehe auch Nummer 57) und ein Siedehaus. Das gesamte tausendjährige Salzhandwerk kann Schritt für Schritt miterlebt werden.

Jetzt aber weiter, Bentlage wartet – es ist nur eine Viertelstunde zu Fuß dorthin! Das Kloster wurde vor bald 600 Jahren gegründet und ist bis heute ein Ort der Ruhe, Besinnung und Kultur. Die Sammlung des Museums zeigt wechselnde Gemäldeausstellungen, aber auch Exponate aus der Klostergeschichte, zum Beispiel (Gruselwarnung!) die »Reliquiengärten«, eine alte Sammlung heiliger Knochen. Den gemütlichen Teil des Tages stellt der »High Tea« dar, ein gepflegtes Nachmittagsritual mit jeder Menge Zeit, gutem Tee und allerlei Leckereien auf dem Tisch. Im Sommer kann man Tee und Snacks auch als Picknick auf der Schlosswiese genießen – und wer danach den Kilometer zurück nach Rheine nicht mehr schafft, kann notfalls auch im Kloster übernachten.

Wer seinen Hunger nach dem Wandern gern etwas schlichter stillt, spaziert zurück ins Städtchen und geht ins Zoobistro. Dort gibt es Kleinigkeiten, die »lecker und günstig« sind, meldet Petra. Vor allem im Sommer ist der NaturZoo spektakulär, denn dann gibt es hier die vielleicht größte Ansammlung von Weißstörchen in ganz Deutschland, und auch die Kolonie der Webervögel ist ein höchst interessantes und lebendiges Schauspiel.

Adresse Parkplatz Saline, Weihbischof-d´Ahlhaus-Straße, 48431 Rheine (auch für Wohnmobile) | Öffnungszeiten Museum Kloster Bentlage Di–Sa 14–18 Uhr, So und Feiertag 10–18 Uhr, aktuelle Zeiten für den High Tea auf kloster-bentlage.de | Tipp Wer kuriose Google-Maps-Rezensionen mag, sucht westlich von Rheine nach »Großer Stein« und liest die Bewertungen. »Bester Stein, den ich je gesehen habe« … ein Kiesel am Feldweg.

91_Der Wildpark

Per Zug erreichbar seit 1858

Rolandseck! Endstation! Wenn man vor 150 Jahren in Cöln (Köln) mit der Bahn losfuhr, musste man kurz hinter der heutigen Landesgrenze Nordrhein-Westfalen / Rheinland-Pfalz aufs Boot umsteigen. Weiter südlich gab es am Rhein nämlich keine Gleise. Die Planer der Bonn-Cölner Eisenbahn-Gesellschaft bauten an diesem Endpunkt ihrer Strecke deshalb einen besonders schönen Bahnhof. Das alte Bahnhofsgebäude gibt es noch, inzwischen mit neuer Nutzung als Museum. Es zieht immer noch viele Ausflügler an.

Bei WDR 2 Raus in den Westen steht aber oft eine andere Attraktion im Vordergrund: der Wildpark. Nach Ideen für naturnahe Ausflugsziele mit Tieren zum Füttern und Streicheln wird in der Gruppe häufig gefragt. Öfter schickt man die Leute dann nach Rolandseck. Es liegt zwar in Rheinland-Pfalz, aber man kann immerhin nach Nordrhein-Westfalen schauen von dort oben. 350.000 Quadratmeter Gelände umfasst der Wildpark – Rotwild, Damwild, Mufflons und Wildschweine leben hier. Der Rundweg durch das Wildgehege dauert ein bis zwei Stunden, es sind 2,5 Kilometer zu laufen. Die Tiere dürfen zum Teil gefüttert werden, natürlich nur mit geeignetem Futter, das man am Kiosk kaufen kann. Wer von zu Hause etwas mitbringen will: Im Herbst dürfen die Wildschweine Eicheln bekommen, das Rotwild Kastanien (bitte darauf achten, dass alles schimmelfrei ist). Die Wege durch das Gelände sind nicht gerade barrierefrei, die Betreiber beschreiben sie als »unbefestigt, teilweise holprig und an hangigen Abschnitten mit Vorsicht zu begehen«. Das ist also kein urbaner Streichelzoo, sondern handfeste Natur. Peter aus Brühl-Vochem nennt den Wildpark ein »super Ausflugsziel. Man sollte schon gut zu Fuß sein, da durch Schluchten gewandert werden kann.«

Gemütlicher und im Tal: die Fähre über den Rhein. Sie verbindet Rolandseck mit Bad Honnef in Nordrhein-Westfalen – mit gutem Blick auf den Bahnhof.

Adresse Wald- und Wildpark Rolandseck, Am Kasselbach 4, 53424 Remagen-Rolandseck | Anfahrt RB 26 ab Köln; B 9 ab Bonn | Öffnungszeiten März–Nov. Mi–So 10–18 Uhr. Hunde nicht erlaubt | Tipp Südlich von Remagen mündet die Ahr in den Rhein. Mehrfach empfohlener Naturbadeplatz auch für kleinere Kinder.

92__Kermeter

Wild, aber barrierefrei

Natur für alle. Klingt leicht, kann ja jeder rauslaufen … Oder? Wer im Rollstuhl sitzt oder nicht sehen kann, für den ist das nicht so einfach. Der Nationalpark Eifel hat für alle, die mit wurzeligen Wegen, steilen Stufen und Parkplätzen im Straßengraben ein Problem haben, das Angebot »Barrierefreier Natur-Erlebnisraum Wilder Kermeter«. Los geht's beim Wanderparkplatz Kermeter oder bei der barrierefreien Bushaltestelle Kermeter Höhe.

Der Fünf-Kilometer-Rundweg wurde von der WDR 2 Raus in den Westen-Community getestet. »Sehr lehrreich, schön gestaltet und überraschend leer«, fand ihn WDR 2 Hörerin Anna aus Mönchengladbach. Christina meldet: »Mit dem Kinderwagen super zu laufen«, und Jen aus Krefeld urteilt: »Der barrierefreie Weg ist ein Traum.« Eine Art breiter Steg aus Holzplanken und ein Schotterweg mit allerhand Lehrreichem und vielen Bewegungsmöglichkeiten für Kinder führen bis zum Aussichtspunkt Hirschley. Von dort hat man einen herrlichen Panoramablick über den Rursee. Ein Leit- und Informationssystem, Sanitäranlagen sowie Sitzmobiliar sollen Menschen unterstützen, die auf »normalen« Wanderwegen überfordert sind. Für Nichtsehende wurde ein Bronzemodell aufgestellt, das man abtasten kann, um sich mit der Landschaft des Nationalparks und der Talsperren im Umkreis vertraut zu machen.

Der Nationalpark bietet regelmäßige Wanderungen in Begleitung von Fachleuten an: Ranger-Touren. Bei diesen Spaziergängen erklären und zeigen geschulte Mitarbeiter den Wald. »Da ist ein Baum. Da noch einer.« Von wegen! Es wird geschnuppert, gehorcht und gefühlt. Der Autor dieser Zeilen war selbst mal dabei – es ist ein Erlebnis.

Solche Touren eignen sich auch für Schwerhörige (vorher unter 02444/95100 melden und Bescheid geben, es gibt extra Hörhilfen) und Menschen, die schlecht sehen (Begleiter empfohlen). So können wirklich alle die Natur im Westen erleben.

Adresse Kermeter-Hochstraße/L 15, 53937 Schleiden, nationalpark-eifel.de | Anfahrt Niederflurbus 231 oder Doppeldeckerbus »Mäxchen« ab Heimbach Bahnhof oder Gemünd Mitte bis zur barrierefreien Haltestelle »Wilder Kermeter«; L 15 bis Parkplatz, ab hier führt ein Bodenleitsystem zum Ausgangspunkt des Wegenetzes am Rastplatz Kermeter | Tipp »Barrierearme Wanderwege« gibt es auch im Bergischen (siehe zum Beispiel naturparke-rheinland.lvr.de) und in anderen Regionen.

93__Die Wüstung Wollseifen

Zerstört erst nach dem Krieg

800 Jahre alt war das Dorf Wollseifen in der Eifel, als der Zweite Weltkrieg zu Ende ging. Während des Kriegs waren Häuser getroffen worden, das Ziel der Angriffe war aber eigentlich der Hügel gegenüber gewesen. Dort stand eines der größten Bauwerke der Nazizeit, die »NS-Ordensburg Vogelsang«. Der Führungsnachwuchs der Partei sollte hier ausgebildet werden.

Nach dem Krieg zogen britische Soldaten ins »Camp Vogelsang«, wie es nun hieß. Und 1946 bekamen die Bewohner von Wollseifen mitgeteilt, dass sie ihr Dorf zu verlassen hätten, es werde ab sofort als Ziel für Schießübungen genutzt! Drei Wochen hatten die Wollseifener Zeit, ihr Hab und Gut zu packen. Auch Kartoffeln und Getreide durften noch eingebracht werden. Danach wurden ihre Häuser zu Zielscheiben. Die britischen und später auch belgischen Soldaten lernten dort, Artilleriegeschütze zu bedienen. Nach ein paar Jahren war von dem Dorf nicht mehr viel übrig.

Wenn man heute durch Wollseifen wandert, kann man noch die Kirche besichtigen, die Ruine der alten Schule und einige nachträglich hochgemauerte »Häuser«, die von den Militärs selbst errichtet wurden – nicht zum Wohnen, sondern eigens zum Üben. Der Rest gehört der Natur, genauer gesagt: dem Nationalpark Eifel. Die Gegend lässt sich gut erwandern. Der Weg von der B 266 bis Wollseifen über das Hochplateau ist überwiegend flach. Es gibt aber auch anspruchsvollere Strecken in der Region. WDR 2 Moderatorin Sabine Heinrich ist in Einruhr losgelaufen und berichtet: »Brauchste Puste. Geht erst mal gut hoch!«

Tiere gibt es ebenfalls: Spätnachmittags lässt sich bei Dreiborn Rotwild beobachten. Zur Brunftzeit röhren die Hirsche, WDR 2 Hörerin Ute aus der Gruppe hat's gehört. Je nach Jahreszeit empfiehlt WDR 2 Raus in den Westen das Gebiet speziell für BVB-Fans: Wenn im Frühsommer der Ginster blüht, färbt sich die Dreiborner Hochfläche gelb, schreibt WDR 2 Hörer Patrick.

Adresse nahe der B 266 zwischen 52937 Gemünd und Einruhr | Anfahrt Bus vom Bahnhof Kall SB 82 oder von Simmerath mit der Linie 63. Ein Wanderparkplatz liegt an der B 266, gegenüber der Einfahrt zum Forum Vogelsang. Von dort circa zwei Kilometer Fußweg. | Tipp Aus der Burg beziehungsweise dem »Camp« Vogelsang ist jetzt »Vogelsang Internationaler Platz« geworden. Dort gibt es eine gute Ausstellung zur Geschichte von 1933 bis 1945.

94 Eine Sauerland-Wanderung

Stein-Zeit-Mensch-Wander-Wisent-Bus-Bäume-Politik

Schmallenberg im Sauerland ist ein Wanderzentrum. In der Sammlung von WDR 2 Raus in den Westen sind viele Strecken gelandet, die dort ihren Ausgangspunkt haben. Die Hauptroute, die in der Nähe vorbeiführt, ist der Rothaarsteig. Diese Wander-Magistrale verbindet das Sauerland über 150 Kilometer mit dem Westerwald in Hessen. Viele Neben- und Teilstrecken sind als Touren für einen halben oder ganzen Wandertag konzipiert.

So eine Nebenstrecke ist der Waldskulpturenweg. Große, sehr unterschiedliche Werke mit Titeln wie »Der Krummstab« oder »Stein-Zeit-Mensch« stehen am Wegrand, die Kunst soll »eingebundener Teil der Natur sein, als Teil eines ganzheitlichen Erlebnisses«, erklären die Macher. Wer neugierig geworden ist, könnte folgenden Ausflug planen: Man fährt nach Jagdhaus, südlich von Schmallenberg. Dort hält der Wanderbus, der einen in einer knappen halben Stunde nach Schanze bringt. Auf dem Fußweg zurück nach Jagdhaus gibt es einen ausgewogenen Mix aus Kunst (mit mehreren Skulpturen) und Natur (mit einem Stück Kyrill-Pfad – siehe auch Nummer 18), plus etwas Nervenkitzel. Die Hängebrücke von Kühhude ist nämlich ebenfalls Teil der Tour. Die Brücke ist in den Facebook-Kommentaren leidenschaftlich diskutiert worden. Sie wackelt kräftig, wenn man drüberläuft. Manchen ist das zu viel. Andere finden, das Ding sei völlig überbewertet und, pah, in Ecuador bin ich mal über eine Brücke, die war viel … Tatsache ist: Man muss nicht drüber, weil sie nur ein Abstecher ist, man kann sie sich also einfach nur anschauen.

In der Region diskutiert man eher über die Wisente, die hier seit Kurzem wild leben. Die Rindviecher gehen den Waldbauern gehörig auf die Nerven, weil sie die Bäume schälen. Andererseits ist es schon toll, dass sie da sind. Ein Politikum. Ein bisschen gefährlich sind sie auch. Wandern um Schmallenberg ist eben ein ganzheitliches Erlebnis.

Adresse Wanderparkplatz Jagdhaus, Grenzweg, 57392 Schmallenberg | Anfahrt Autobahn bis Olpe, B 55 und B 236 bis Jagdhaus; Infos zum Wanderbus, der bei Voranmeldung auch Räder mitnimmt: schmallenberger-sauerland.de | Tipp für Begegnungen mit wilden Wisenten: ruhig und mit Distanz vorbeigehen, nicht in die Augen sehen, nicht den Rücken zuwenden. Wenn der Wisent den Kopf senkt: zurückweichen! Viel Glück!

95 Der Möhnesee

Aber bitte mit Sahne!

Der Kuchen muss sensationell sein. Wohl bei keinem Ausflugslokal der WDR 2 Raus in den Westen-Sammlung loben so viele Leute in den Kommentaren die Kuchenauswahl wie beim »Torhaus« am Möhnesee. Das nächste Highlight ist dann der parkartige Garten mit den Skulpturen. Offenbar kann man hier viel Zeit verbringen, aber für uns soll das Torhaus nur der Ausgangspunkt für eine Tour zum Möhnesee-Turm sein. Nördlich vom Café beginnt eine Runde durch den Wald, mit dem Aussichtsturm als erstem Ziel. Der Wanderweg A 5 führt direkt hin.

42 Meter Stahlkonstruktion. Da muss man hoch? WDR 2 Hörerin Maike aus Beckum empfiehlt die Besteigung »trotz leichter Höhenangst«. Wer wirklich ein Problem mit Höhen hat, wird auf der Treppe wahrscheinlich nicht glücklich. Die besteht nämlich aus Gitterstufen, durch die man durchschauen kann – ein No-Go für Schwindel-Ängstliche. Wer unten bleibt, lässt sich eben von den Aufsteigern Fotos zeigen und vorschwärmen. Zum Beispiel: »Wunderschöne Aussicht über dem Arnsberger Wald« (Dirk); »Die 206 Stufen sind echt anstrengend, aber die frische Luft und die Aussicht entschädigen dafür zu hundert Prozent« (Marcel).

Weiter geht es den »Rennweg« entlang, einen historischen Handelsweg, der übrigens, als Hauptwanderstrecke X26, bis Paderborn weiterführt. Wir wenden uns aber einen Kilometer weiter nach Süden zum Jagdschloss Sankt Meinolf. Von dort geht es nach Westen, zurück zum Torhaus. Was wir dort wollen? Stichwort: Kuchen!

Und dann ist da ja auch noch die Staumauer: 650 Meter lang, 40 Meter hoch, gebaut 1913. Ein paar Schritte zur Gedenkstätte unterhalb des Zugangs lohnen sich. Sie erinnert an den Mai 1943, als eine Fliegerbombe den Damm zerstörte. Eine Flutwelle war die Folge – und viele Tote. Heute ist das laut Tourismuswerbung »schwerste Baudenkmal in NRW« wieder intakt. Besucher kommen von weit her für Mauer, See … und natürlich Kuchen.

Adresse Torhaus Möhnesee, Arnsberger Straße 4, 59519 Möhnesee-Delecke | Anfahrt über die B 229 von Soest oder Arnsberg aus | Tipp Der Möhnetal-Radweg zwischen Brilon und Arnsberg ist eine der beliebtesten Radwanderstrecken in Nordrhein-Westfalen. Die Zählstelle bei Völlinghausen verbuchte 2020 mehr als 100.000 Vorbeiradler.

96 Der Garten Ulbrich

Thorsten, et fisselt!

»Immerhin – gut für den Garten«, seufzt man in Solingen, wenn man zum Fenster rausguckt und wieder alles nass ist. Das passiert hier öfter als woanders. Grund: Die Luft, die von Westen Richtung Bergisches Land zieht, steigt hier auf, erwärmt sich und regnet ab. Man unterscheidet in feinen Abstufungen zwischen Gewitter, Schauer, Plästern (kräftig), Fisseln (feiner) und diversen Arten von Halbgefrorenem im Winter. Der Knirps-Regenschirm wurde ja nun auch nicht umsonst in Solingen erfunden. Gartenbesitzer freut's, wie gesagt. Deswegen ist unser Tipp für Solingen auch ein spezielles Geschenk für Hobbygärtner: ein Besuch bei Thorsten Ulbrich und Marcus Vogel, vorgeschlagen von WDR 2 Hörerin Erika aus Wuppertal.

In der ehemaligen Gärtnerei von Ulbrichs Urgroßeltern ist seit den 1980er Jahren auf einer Fläche von 8.000 Quadratmetern eine Sammlung von »grünen Zimmern« entstanden, die sich sehen lassen kann. Früher waren hier Gewächshäuser. Seit sie weg sind, ist Platz für kreative Gestaltung, und da toben sich die beiden so richtig aus: Rosenzimmer, mediterranes Zimmer, Barockgarten … hinter jeder Hecke überrascht ein neues Gartenthema, sogar eine Hochzeitskapelle mit romantischem Teich ist dabei. Darin haben auch schon Paare geheiratet (in der Kapelle, nicht im Teich). Eines der alten Gewächshäuser steht noch, allerdings weitgehend ohne Verglasung. Es dient, pittoresk verfallen, als Hintergrund für das Gartenkonzept »Industriedenkmal«.

Nebenan, in Ulbrichs Blumenladen, kann man auch das eine oder andere kaufen, um damit das eigene Gärtchen zu verschönern. Das Konzept der »Zimmer« im Garten lässt sich ja auch umsetzen, wenn man keinen Hektar, sondern vielleicht nur hundert Quadratmeter zur Verfügung hat.

Ein Reporter wollte von Thorsten und Marcus mal wissen: »Soll der Garten irgendwann fertig sein?« Was für eine Frage! Die Antwort war klar: »Ein Garten ist nie fertig!«

Adresse Bertramsmühler Weg 19–25, 42659 Solingen | Anfahrt ab Bahnhof Solingen mit Bus 683 bis Krahenhöhe; A 46 Haan-Ost, B 224, dann Burger Landstraße | Öffnungszeiten Di–Fr 10–18, Sa 10–13, So 11–13 Uhr (Eintritt 4 Euro) | Tipp Die Aktion »Offene Gartenpforte« ermöglicht es an bestimmten Wochenenden, in Nordrhein-Westfalen Privatgärten zu besichtigen, in die man sonst nicht kommt. Termine und Orte: offene-gartenpforte-rheinland.de.

97 Der Schmuggelpfad

Der Uil nach über den Smokkelpad

»Unsere kleine Tochter hat geweint, als der Weg zu Ende war. Das ist wohl das größte Lob«, berichtet WDR 2 Hörerin Kerstin aus Bienen über ihren Trip zum Schmuggelpfad, »ein Abenteuer für unsere Kinder und auch für uns.« Auch Nicole aus Rhede findet: »Ist wirklich einen Ausflug wert. Unseren Kids, neun und zwölf, hat es sehr gut gefallen.«

Moment – was heißt denn Schmuggelpfad, und ist das nicht illegal? Keine Sorge, unter den Bedingungen des EU-Binnenmarkts darf man zwischen Nordrhein-Westfalen und den Niederlanden Waren hin und her tragen, wie man will. Aber es gab Zeiten, da war das anders. Da musste Zoll gezahlt werden für Produkte wie Kaffee, Tee, Tabak oder Alkohol. Oder der Grenzverkehr war ganz geschlossen. Daher wichen Schmuggler auf die kleinen, unübersichtlichen Pfade aus und importierten unauffällig – und illegal – alles Mögliche, vor allem während des Kriegs und danach. Sogar Kühe wurden hier entlanggezerrt. Damit sie nicht so auffielen, hat man sie mit dunkler Farbe getarnt.

Auf den Spuren dieser alten, heimlichen Wirtschaftswege wurde der 2,6 Kilometer lange Schmuggelpfad (auf Niederländisch: Smokkelpad) ausgeschildert, und zwar kinderfreundlich: Es gibt Kletter- und Balancier-Anlagen, zum Beispiel ist der alte Grenzgraben als Hindernisstrecke gestaltet. Zusätzlich kann man sich am Wegrand schlaulesen über die Schmuggelei. WDR 2 Reporter Michael Treis hat die 25 Mitmach-Stationen begutachtet. Sein Prädikat: »Liebevoll gemacht!«

Man folgt der Uil (= Eule), die als Logo auf den Tafeln erscheint. Der Weg beginnt auf deutscher Seite beim Bauerncafé Jacobs, dort kann man auch parken und hausgemachten Kuchen genießen. Wer unterwegs schon Hunger bekommt, geht »smokkelen en smullen«, also auf Niederländisch schlemmen. Das »Pannekoekenhuis« (brauchen wir nicht zu übersetzen, oder?) hinter der Grenze heißt Jagersrust. Also dann: lekker smokkelen!

Adresse Parkplatz am Bauerncafé, Grenzweg 35, 47638 Straelen; Jagersrust, Straelseweg 35, 5941 NJ Velden (Niederlande) | **Anfahrt** von Straelen aus nach Westen über Römerstraße | **Öffnungszeiten** Der Pfad ist kostenlos und immer offen. Das Café hat montags Ruhetag. | **Tipp** In Straelen sitzt das »Europäische Übersetzer-Kollegium«, eine Art spezialisierte Bibliothek mit 125.000 Bänden und angeschlossenen Appartements und Arbeitsplätzen für Übersetzer. Besichtigungen für Gruppen möglich.

98 Der Lengericher Canyon

Kalk, Klavier und Kutsche

»Canyon« klingt nach wilder Natur, ist aber – typisch Nordrhein-Westfalen – eine menschengemachte Landschaft. Das tief eingeschnittene Tal mit dem türkisblauen Wasser ist ein ehemaliger Steinbruch. Kalk wurde abgebaut, davon rührt auch die Farbe des Canyons bei Lengerich her. WDR 2 Wanderexperte Fabian Raphael ist vorbeigekommen, als er die »Teutoschleife Canyonblick« gelaufen ist. Er erzählt von dieser Tour: »Auf 13 Kilometern geht es über schmale Pfade und durch schattige Wälder auf den Teutokamm, dann über weites Land bis zum Canyon. Sehr beeindruckend!«

Teutoschleifen heißen die Wanderwege in der Gegend. Der Tecklenburger Bergpfad ist auch so eine Schleife. Er führt von der Burg Tecklenburg nach Brochterbeck und zurück. WDR 2 Raus in den Westen-Fan Jutta war dort unterwegs. Sie staunte nicht schlecht, als sie mitten im Wald plötzlich vor einem Klavier stand. Darüber ein einfaches Holzdach, daneben ein Schild: »Na, wie wär's, kleine Waldmusik?« Noten liegen auch bereit, und man kann der Natur ein Ständchen bringen. Weiter den »Bergpfad« entlang, stößt man übrigens auf einen zweiten Canyon, etwas kleiner als der von Lengerich.

Die Schleife »Tecklenburger Romantik« empfiehlt Hans-Jörg – und schreibt dazu: »Mit etwas Glück sieht man die historische Postkutsche auf ihrer Fahrt und hört das Posthorn in der Tecklenburger Talaue erschallen.« Was er bei WDR 2 Raus in den Westen nicht so laut sagt: Er steuert die Kutsche selbst. Sie ist aber auch wirklich hübsch. Sabine hat das mit ihren Eltern ausprobiert, als die nicht mehr so gut mit dem Fahrrad zurechtkamen. Noch einmal im Tecklenburger Land auf Pfaden, Waldwegen und Pättkes unterwegs sein zu können, schreibt sie uns, »hat ihr Herz erfreut«. Sie fügt hinzu, es sei schön, dass WDR 2 Menschen raus in den Westen bringt. Wir danken! Bestimmt bringt ihr Beitrag noch ein paar mehr raus!

Adresse Aussichtspunkt Canyon, Am Kleeberg, 49525 Lengerich; Parkplatz Münsterlandblick, Am Weingarten, 49545 Tecklenburger Land; Postkutsche Haus Hülshoff, postkutsche-muensterland.de | **Anfahrt** A 30 bis Laggenbeck oder A 1 bis Lengerich | **Tipp** Abenteuergolf ist Minigolf in groß. Auf der Anlage in Tecklenburg soll es, außer guten Bahnen, auch die besten Pommes außerhalb Belgiens geben.

99 Das Silberbachtal

Schöner Name, googeln unnötig!

»Eine Frage: Was ist schöner? Das Furlbachtal oder das Silberbachtal?« Sebastian hat das gefährliche Gebiet der Fragen an WDR 2 Raus in den Westen betreten. Aber bei so schön konkreten Fragen schreibt niemand zurück: »Google doch mal!« Denn hier kann man mit Expertenwissen glänzen: »Silberbachtal etwas felsiger und hügeliger aus meiner Sicht« – »Das Silberbachtal bietet mit dem Velmerstot mehr Möglichkeiten, den Spaziergang zu verlängern (beim Furlbach ist vorwiegend Wald rundherum). Und im Silberbachtal gibt es mit der Silbermühle eine Einkehrmöglichkeit. Dafür ist es da am Wochenende aber auch voller.« – »Das Silberbachtal. Allein der Name ist doch viel schöner!«

Na gut, ob die letzte Antwort Sebastian viel weitergebracht hat, wissen wir nicht. Vielleicht ja doch, wir hatten in diesem Buch ja schon den Ort Husten oder den Krawutschketurm. Da spielt der Name bestimmt auch eine Rolle bei der Frage: Wohin in den Westen?

Einer, dem Ortsnamen auf alle Fälle weniger wichtig sind als die Natur, durch die er läuft, schrieb zu Sebastians Frage: »Ich bin mal von den Externsteinen durch den tiefen Wald, an der wunderbaren Terrasse der Silbermühle vorbei, durch das verwunschene Silberbachtal mit seinem plätschernden Bach hoch zur Velmerstot gelaufen. Oben Heide und Felsen und der Eggeturm. Was für eine Aussicht!« (Es war Fabian Raphael aus dem WDR 2 Team.)

Im Februar 2021 wurde dieser Text – bis hierhin – geschrieben. Dann ging das Buch in den Druck. Leider passierte gleichzeitig etwas im Silberbachtal, das wir nicht vorhergesehen hatten: Es mussten fast 2.000 Bäume gefällt werden! Borkenkäfer und Pilzbefall an den alten Fichten, die Bäume waren nicht mehr standsicher. Der Forstamtsleiter berichtete im WDR: »Das Tal wird danach komplett anders aussehen.« Jetzt hat man Blick auf die vorher verdeckten Felsen. Ob das Silberbachtal noch so schön ist wie vorher? Der Name ist es auf jeden Fall!

Adresse Wanderparkplatz Zur Kattenmühle, 32805 Horn-Bad Meinberg | Anfahrt B 1 bis Horn, dann südlich oder Buslinie 357 ab Bahnhof Horn-Bad Meinberg in Richtung Veldrom, Haltestelle Kattenmühle | Tipp von Tobias aus Neuenheerse: der Viadukt-Wanderweg bei Altenbeken, abends mit beleuchteten Brückenbögen.

100 Der Ausweichsitz

Das Atomversteck in der Eifel

Es sieht aus wie ein Eifel-Forsthaus mit einer Garage daneben. Braunes Blechtor, maximal unauffällig. Aber in der Garage steht kein Auto – sie ist nur Tarnung! Hier ist der Eingang zu einem Relikt des Kalten Kriegs: dem atomsicheren Regierungsbunker der NRW-Landesregierung. Im Kriegsfall hätte man versucht, von diesem »Ausweichsitz« aus den Zivilschutz im Land zu leiten. Jemand vom WDR wäre ebenfalls mit im Bunker gewesen. Ein komplettes Studio wurde eingerichtet, um auch unter schlimmsten Bedingungen noch Informationen senden zu können.

Der Komfort war bescheiden. Nur für den Ministerpräsidenten gab es ein eigenes Schlafzimmer, ansonsten Mehrbettzimmer, Fenster natürlich gar keine. Dicke Stahltüren trennen die Bereiche. Man hätte die Menschen (ohne ihre Familien) nachts heimlich hergebracht, für 30 Tage wären Vorräte da gewesen. Im Sechserzimmer hätte man sich je drei Betten geteilt und schichtweise geschlafen. Zum Zeitvertreib für die 200 Insassen standen ein paar Fernseher zur Verfügung, außerdem eine Bibliothek mit ganzen 32 Büchern. Man kann das alles noch sehen, der Bunker wurde nie gebraucht und nur für ein paar Übungen benutzt. Heute ist die Anlage im Privatbesitz, sie wird bei Führungen gezeigt. Im Inneren sind es nur 7 °C, Jacke nicht vergessen! »Die Einrichtung des Bunkers ist aus den 1960er Jahren und die Technik in einem funktionstüchtigen Zustand«, schreibt WDR 2 Hörer Wolfgang nach der Tour. Ganz offensichtlich war alles hier auf maximale Haltbarkeit ausgerichtet.

Auch die Bonner Bundesregierung hatte einen Bunker, und zwar in Ahrweiler. Man kann die Besuche verbinden: Die »Eifel-Bunker-Tour« klappert als Busausflug mehrere Ziele ab, sachkundige Führung inklusive. Da erfährt man zum Beispiel auch, wie die A 61 notfalls als Flughafen hätte fungieren können. Fabian Raphael aus dem WDR 2 Team hat die Fahrt mitgemacht und sagt: »Sehr spannend!«

Adresse Am Gillesbach 1, 53925 Kall-Urft, Tel. 02441/775171, ausweichsitz-nrw.de | **Anfahrt** RE 22 oder RB 24 von Köln nach Kall-Urft; A 1 Ausfahrt Nettersheim, B 477, ab Nettersheim Landstraße bis Urft | **Tipp** In Cochem hatte die Bundesbank einen geheimen Bargeldbunker! Hier lagerten 15 Milliarden Mark spezielles Notgeld für Krisen. Geldspeicher-Führungen: bundesbank-bunker.de

101 Die Flamingos

Auf einem Bein im Venn

Im Grenzgebiet zwischen Deutschland und den Niederlanden sind anscheinend viele WDR 2 Hörer unterwegs. Wenn wir auch noch nach Wegberg (Nummer 104) kommen, haben wir wohl alle Grenzkilometer abgedeckt. Auf einer Insel im Zwillbrocker Venn im Münsterland leben Flamingos, das zieht viele Besucher an. Es sind bis zu 80 Vögel, die in den Niederlanden überwintern (zum Teil im Veluwemeer, nur eine Autostunde weiter). Sie fliegen im Februar hier ein, um ihre Nester zu bauen. Das Besondere: Es ist die nördlichste Brutkolonie der Welt! Meist bleiben sie bis September. Manchmal reist die ganze Bande aber früher ab, wenn der Fuchs die Küken geholt hat oder aus anderen Gründen keine erfolgreiche Brut möglich ist.

Eigentlich gehören wilde Flamingos nach Südamerika und ins südliche Afrika. Vermutlich stammen die Zwillbrocker Vögel von entflogenen Zootieren ab. Sie werden seit den 1980er Jahren beobachtet. Ein Aussichtsturm gegenüber der Flamingo-Insel sorgt für Safari-Feeling bei den Besuchern. Für Handyfotos sind die rosa Langbeiner zu weit weg, aber wer ein Fernglas oder ein Teleobjektiv dabeihat, kann richtig teilhaben am Flamingo-Alltag.

Der Radweg Flamingoroute, der vorbeiführt, hat seinen Namen ebenfalls von den Vögeln. Er ist allerdings insgesamt 450 Kilometer lang, und die Flamingos gibt's nur hier (übrigens bisher auch nirgendwo anders in Deutschland). Wassersport geht auch: In Vreden kann man sich ein Kanu leihen und auf der Berkel zur Grenze paddeln. Das Flüsschen verläuft etwas nördlich von Zwillbrock.

Keine Flamingos gesehen? Hier ist zum Trost ein Geheimtipp: WDR 2 Hörerin Heike aus Datteln hat im Biergarten vom Restaurant Kloppendiek einen Kaffee getrunken und eine Kleinigkeit gegessen … was sag ich Kleinigkeit: »Das war der beste Windbeutel, den ich in meinen Leben gegessen habe!« Bitte, wer braucht Flamingos, solange wir Kloppendieks Konditorin haben?

Adresse Parkplatz Biologische Station, Zwillbrock 10, 48691 Vreden | Anfahrt A 31 bis Gescher, dann Stadtlohn, Vreden, L 608 nach Zwillbrock | Öffnungszeiten Biologische Station Ostern bis Okt. Mo–Fr 8–16.30 Uhr, Sa, So 12–17 Uhr, im Winter Sa, So geschlossen | Tipp Die Barockkirche St. Franziskus gegenüber der Biologischen Station ist auch einen Blick wert – so viel Barock gibt es in der Gegend nicht.

102 Die Bruder-Klaus-Kapelle

Star-Architektur auf freiem Feld

Hermann-Josef Scheidtweiler und seine Frau Trudel hatten eine einfache Idee: Eine Kapelle für den heiligen Nikolaus von der Flüe sollte gebaut werden. Auf ihr Feld. Und zwar von einem der berühmtesten Architekten Europas: Peter Zumthor. Dass das tatsächlich geklappt hat, ist eine so unwahrscheinliche Geschichte, dass auch manche Nicht-Religiöse an ein Wunder glauben.

Zumthor, von dem auch das Kölner Kolumba-Museum ist, hat für solche Anfragen nämlich eigentlich keine Zeit. Aber zufällig hatten sich die Scheidtweilers ausgerechnet den Lieblings-Heiligen von Zumthors Mutter ausgesucht. Das half. So entstand auf der Wiese in der Eifel »ein echter Kraftort« (Ela), »ein magischer Ort, der mich auch als Atheist fasziniert« (Andrea) … und ein Anziehungspunkt für Touristen, was gar nicht geplant war.

Wenn man sich als Spaziergänger (oder Pilger) der Kapelle nähert, sieht sie erst einmal aus wie ein Monolith in der Ferne. Vom Parkplatz aus steigt man einen sanften Hang hinauf. Eine Viertelstunde lang erkennt man dann beim Laufen immer mehr Details, bis man vor einer dreieckigen Stahltür steht. Man geht hinein und zwängt sich durch eine Art Schneckenhaus ins Innere. Dort steht man im unwirklichen Licht bunter Glasbausteine, die farbige Leuchtpunkte durch die Wand leiten. Von oben tröpfeln vielleicht ein paar Regentropfen herunter, denn die Spitze des Baus ist offen. Der einzige Einrichtungsgegenstand ist ein Kasten, in dem man eine Kerze anzünden kann.

Die Fertigstellung ist noch mal eine Story für sich: Von 2005 bis 2007 erbauten Menschen aus der Region, teils ehrenamtlich, zunächst eine Art Tipi aus Holzstämmen, das dann mit Stampfbeton ummantelt wurde. Zum Schluss wurde das Holz ausgeköhlert, und wer sich das Ergebnis nicht so recht vorstellen kann, der muss sich die Bruder-Klaus-Kapelle am besten einfach mal anschauen.

Adresse Iversheimer Straße, 53894 Mechernich-Wachendorf, feldkapelle.de | Anfahrt A 1 bis Euskirchen, dann B 266 Satzvey, Lessenich, Wachendorf. Parkplatz ist ausgeschildert; Bahn: RB oder RE bis Satzvey, sechs Kilometer entfernt | Öffnungszeiten April – Okt. 10 – 17 Uhr, sonst bis 16 Uhr | Tipp Die Kölner Kirchengemeinde St. Alban im Stadtgarten pilgert jedes Jahr zur Kapelle. Auch sie ist architektonisch interessant: Sie besteht aus den Ziegelsteinen der im Krieg zerstörten Oper!

103 Der Lörmecketurm

Warum gute Aussicht traurig machen kann

Zwischen Warstein und Eversberg, am Wanderweg »Sauerland-Waldroute«, erhebt sich das Gelände auf 581 Meter über Meeresniveau. Wer dort hinwandert, kann noch einmal 35 Meter hinaufsteigen, und zwar über eine Stahltreppe in einem Holzturm: dem Lörmecketurm. Der Blick von dort? Lassen wir WDR 2 Hörer Carsten aus Unna erzählen: »Nach Regenwetter ist die Luft klar, und die Aussicht geht über die ganze Börde bis zum Ruhrgebiet einerseits, über das halbe Sauerland bis nach Hessen andererseits.«

Der Turm erhebt sich über den Wald, und er besteht auch aus ihm. 144 Douglasienstämme (aus der Region) wurden aufgestellt und über Kreuz miteinander verbunden. Die Konstruktion ist nicht verkleidet, sodass man sich das alles genau anschauen kann – ein architektonisches Kabinettstück, das seit 2008 Besucher in die Ferne schauen lässt. Die Form des Turms wird von Fachleuten als »Translations-Paraboloid« bezeichnet. Wer sich dieses Wort merken kann, darf gern unterwegs versuchen, es seinen Mitwanderern beizubringen.

Tipp für Menschen mit Höhenangst: Es gibt schon weiter unten im Turm Plattformen mit Aussicht, nicht nur ganz oben. Man kann also einfach mal losklettern und schauen, ab welcher Höhe auf der Treppe es genug ist. Der Name Lörmecke kommt übrigens von einem Bach, der in der Nähe entspringt.

Im Sommer 2020 hat sich der Blick schlagartig verändert. Am Hang neben dem Turm mussten nämlich eine Menge Bäume gefällt werden. Wieder war der Sommer zu trocken gewesen, und diesmal hatte der Borkenkäfer den Fichten neben dem Aussichtsturm den Rest gegeben. Ein Kahlschlag war notwendig. Bis hier wieder hohe Bäume stehen, wird es noch lange dauern. Ein Trip zum Lörmecketurm veranlasst daher aktuell weniger zum Schwärmen (außer für Architekturfans natürlich), sondern eher dazu, sich mit dem Klimawandel, dem dadurch sich verändernden Wetter und den Folgen für unsere Natur zu befassen.

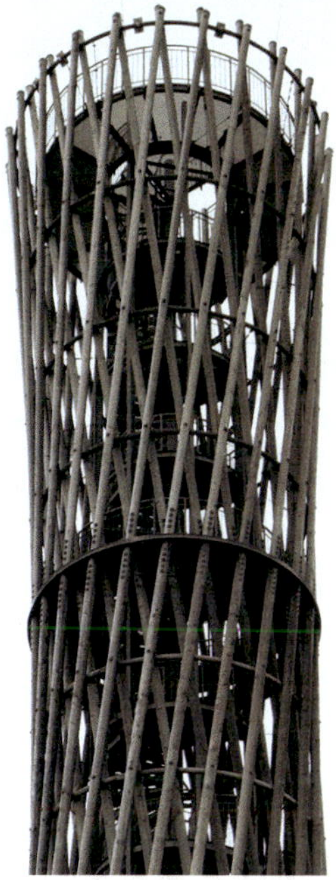

Adresse Arnsberger Wald, zwischen Warstein und Meschede | Anfahrt ab Dortmund RE 57 bis Bestwig, dann nordwärts dem Wanderweg »Sauerland-Waldroute« folgen; Wanderparkplatz Plackweg an der B 55, dann drei Kilometer Fußweg | Tipp Noch 'ne Aussicht: Skywalk Möhnetal, einige Kilometer nordwestlich, bietet Grand-Canyon-Feeling.

104 Die Mühlentour

Es klappern die Kaffeemühlen

WDR 2 Hörer Marcus hat sich aus Wegberg gemeldet: »Wir haben rund 25 Wassermühlen von Öl bis Senf, es lohnt sich auf jeden Fall, herzukommen.« Jahrhundertelang wurde alles Mögliche gemahlen. Heute sind viele dieser Mühlen mit einem Wanderweg verbunden, eine 42-Kilometer-Runde ohne Steigungen (Teilstrecken möglich). Allerdings verfügen nicht mehr alle der Gebäude über Mühlräder, dafür sind in einigen jetzt Cafés. Die Stadt Wegberg hat eine Broschüre erstellt, »Wanderungen und Radtouren im Tal der Mühlen«, die bei der Orientierung hilft.

Jede der Mühlen hat ihre ganz eigene Geschichte. Gleich im Stadtgebiet liegt die Wegberger Mühle, 500 Jahre alt und für Besichtigungen offen. In der Tüschenbroicher Mühle ist schon seit 1862 eine Gastwirtschaft, in der Molzmühle kann man sogar übernachten. Die Holtmühle bot bereits im Jahr 1870 Touristen eine Kahnfahrt auf dem Weiher an, die Dalheimer Mühle lag am Schmuggelpfad, und die Schrofmühle ist vielleicht schon tausend Jahre alt und beherbergt heute ein Museum. Eine Liste, die problemlos verlängert werden könnte.

Petra aus Erkelenz hat das Rad genommen und einige der Mühlen abgeklappert. Ihre Tour: Tüschenbroicher Mühle, Holtmühle, Molzmühle bis zur Lüttelforster Mühle, »teilweise wunderschön an der Schwalm entlang«. Sie hat unterwegs schöne Fleckchen zum Einkehren gefunden. Armin startet bei sich zu Hause in Rickelrath, einer seiner Lieblingsplätze ist an der Holtmühle (Fotospot!).

Gemahlen wurde in den Mühlen Korn, aber auch Öl aus verschiedenen Saaten. Bei einer Landschaft so voller Mühlweiher und kleiner Flussläufe wundert es nicht, dass unter einer Bilderstrecke bei Facebook der Kommentar erschien: »Und immer schön nach den Spuren der Biber Ausschau halten. Die haben sich dort überall angesiedelt.« Nun nutzen also neue Baumeister das Wasser. Und wir können frisch gemahlenen Kaffee trinken.

Adresse Wegberg; Wanderkarte: unter wegberg.de | Anfahrt RB 34 aus Mönchengladbach | Öffnungszeiten Wegberger Mühle (Rathausplatz 21, 41844 Wegberg) Mai–Sept. täglich 9–21.30, Okt.–April Di–So 9–19 Uhr; Tüschenbroicher Mühle (Gerderhahner Straße 1) Di–So 10–22 Uhr; Molzmühle (In Bollenberg 41) Mo, Di ab 15, Mi–So ab 11 Uhr; Holtmühle (Holtmühlenweg 2) Mi–So 10–18 Uhr; Dalheimer Mühle (Mühlenstraße 15) Mi–Fr 10–18, Sa, So 9–19 Uhr | Tipp Noch mehr Mühlen in Wegbergs Partnergemeinde Leudal (Niederlande).

105 Der Fahrradtunnel

Von Fledermäusen und Radelknoten

Fragen sind bei WDR 2 Raus in den Westen nicht immer beliebt. »Wo kann man schön laufen?« ... Was soll man da schon empfehlen? Konkrete Anliegen dagegen werden von der Community meist schnell und freundlich bearbeitet. Zum Beispiel Jules Frage nach einem Radtunnel im Sauerland, von dem sie mal gehört hatte. 33 Kommentare, WDR 2 Hörerin Carmen aus Bergneustadt war die Erste: »Der führt von Wegeringhausen nach Bergneustadt oder umgekehrt.« Fel Chris packte noch einen drauf: »724 Meter – durch den denkmalgeschützten Wegeringhauser Tunnel verlaufen die Agger-Bigge-Runde und der Bergische Panoramaradweg, der bei Olpe auf den Ruhr-Sieg-Radweg stößt.« Wegeringhausen liegt übrigens weder vor noch hinter dem Tunnel, sondern 50 Meter drüber. Dazwischen ist Fels.

Im weiteren Verlauf der Diskussion stellte sich heraus: Es gibt zwischen Finnentrop und Eslohe den »Fledermaustunnel«, der fast genauso lang ist. Bei Freudenberg, direkt an der Landesgrenze zu Rheinland-Pfalz, ist der Hohenhainer Tunnel (400 Meter), und bei Bromskirchen (direkt hinter der hessischen Grenze) geht es gut 300 Meter durchs Dunkle als Teil des Linspher Radwegs, der in Winterberg beginnt. Jede Menge Tunnelstrecken also für Radler im Westen.

Für die ist auch der Tipp wertvoll, den WDR 2 Hörerin Jule später nachschob: »Man kann in NRW hervorragend nach Knotenpunkten fahren. An einigen Orten hängen Infos und Lagepläne mit einer Gesamtübersicht der Knotenpunkte in dem Bereich aus. So kann man sich super von Zahl zu Zahl die Gegend erradeln.« Stimmt! Das Land Nordrhein-Westfalen hat zigtausend Schilder aufgestellt, ein Nummernsystem organisiert das Radwegenetz mit Hilfe dieser Knoten. Auf der Seite radroutenplaner.nrw.de findet man die Verbindungen. Weil die Schilder einheitlich sind, kommt man überall gleich gut zurecht. Karten an den Knotenpunkten helfen zusätzlich. Da bleiben kaum Fragen offen.

Adresse Wegeringhauser Tunnel: zwischen Drolshagen-Hützemert und Bergneustadt-Pernze; Fledermaustunnel Finnentrop: zwischen Fehrenbracht und Eslohe; Hohenhainer Tunnel: zwischen Freudenberg und Bahnhof Wildenburg; Linspher Radweg: zwischen Hallenberg und Bromskirchen | **Öffnungszeiten** Im Winter sind die Tunnel (bis auf Hohenhain) dicht, damit Fledermäuse ihre Winterruhe verbringen können. | **Tipp** In den Tunneln kann es auch im Sommer unter 10 °C haben. Sie sind auch nicht unbedingt immer beleuchtet. Licht und Jacke nicht vergessen!

106 Die Ahsewiesen-Tour

Hörst du die Schnatterente?

»Dieser Ort wird auch geprägt durch die stark befahrene Landstraße«, heißt es auf der Homepage der Stadt Welver in Westfalen über den Ortsteil Berwicke. Das macht nicht so viel Lust, da mal vorbeizuschauen. Unsere Runde ist aber geprägt durch Natur und ein hübsches Wasserschloss – also: Es lohnt sich weiterzulesen.

Am Haus Nehlen beginnt die Wandertour, die Oliver Kleine bei WDR 2 Raus in den Westen hinterlegt hat. Das Wasserschloss ist ein Schatzkästlein im Stil der Lipperenaissance. Vom Schloss führt Olivers Tour nach Nordwesten bis Hacheney. (Nicht der Dortmunder Stadtteil, sondern lediglich eine kleine Ansammlung von Häusern.) Daran vorbei und weiter nach Norden laufend, hat man zur Rechten die Ahsewiesen. Sie sind ein Naturschutzgebiet, das vor allem eines kann: richtig nass sein. »Feuchtwiesengebiet mit Überschwemmungsflächen« nennt es der Naturschützer. 150 Vogelarten lassen sich hier beobachten. Manche brüten, manche rasten nur regelmäßig und fliegen dann weiter. Großer Brachvogel, Kiebitz, Storch sind drei davon, dazu kommen allein elf Entenarten, darunter die Schnatterente – vielleicht nicht die Hübscheste, aber sicher die mit dem besten Namen! Lange waren sie alle verschwunden. Die Landwirtschaft hatte mit Gräben und Dämmen das Wasser sorgfältig kanalisiert und von den Wiesen abgeleitet. Seit den 1980ern wurden die Drainagen wieder geschlossen und ein Hochwasserdamm zur Ahse durchbrochen. Das zog die Vögel an, und mit ihnen die Naturliebhaber.

Nach einem Kilometer halten wir uns rechts, es geht unter einigen alten Eichen hindurch, bevor wir wieder nach Süden abbiegen, zum Aussichtsturm. Der ist neun Meter hoch und sieht aus wie ein riesiger Jägerstand. Hier legt man sich aber nur auf die Lauer für den schönsten Schnatterenten-Schnappschuss. Olivers Route führt weiter westlich am »Vogelbeobachtungsturm« vorbei und dann zurück nach Berwicke.

Adresse Haus Nehlen, 59514 Welver (Privatbesitz); einen Parkplatz gibt es auch am Aussichtsturm, er liegt an der Strecke zwischen Krewinkel-Wiltrop und Hultrop | Anfahrt Berwicke liegt zwischen Hamm und Soest, etwa 20 Minuten von der A-2-Ausfahrt Hamm entfernt. | Tipp Lippetal, sieben Kilometer westlich: »Der Garten vom Schloss Hovestadt ist eine echte Erholungsoase«, schreibt WDR 2 Hörerin Ute aus Wadersloh.

107 Volmarstein

Die große Runde

»Also die Ecke ist ja eine kleine Goldgrube«, schreibt WDR 2 Hörer Thorben, als wir ihn bitten, noch ein paar Details zu seiner vorgeschlagenen Volmarstein-Tour zu verraten. Sie startet am Bahnhof in Wetter und führt zunächst zur Burg. Die wurde eine Zeit lang – typisch Ruhrgebiet – als Fabrik genutzt: Dampfmaschinen und mechanische Webstühle aus den »Mechanischen Werkstätten Harkort & Co.« waren beteiligt am Aufschwung der Region im 19. Jahrhundert. Ein paar Mauern und der Turm stehen noch. Daran vorbei und rechts hinunter geht es zum Harkortsee und am Freibad vorbei zur Brücke über die Ruhr. Die sollte auf der rechten Seite überquert werden, denn gleich anschließend biegt die Route rechts ab, durch die Ruhrauen nach Südwesten. Hier nimmt man den Volmarstein schon mal in den Blick, der gleich bestiegen werden will, während man am Fluss entlangwandert. Beim Bauhof wird die Bahnlinie überquert, dann beginnt gleich links, hinter der Bushaltestelle Hagener Straße, der Aufstieg über einen schmalen Pfad.

Hundert Höhenmeter weiter oben gibt es zur Belohnung Aussicht in alle Richtungen. Dann beginnt die nächste Etappe: Beim Kirchturm rechts Richtung Vogelsang, es geht jetzt nach Westen, erst runter, dann wieder rauf nach Grundschöttel und an der alten Zeche Schlebusch vorbei. Hier fuhr früher die Schlebusch-Harkorter Kohlenbahn, eine der ersten Bahnen Deutschlands. Bereits 1830 begann der Zugverkehr, zunächst mit Pferden statt mit Loks. (Es war keine »Eisenbahn«, denn sie fuhr auf Holzschienen.)

Jetzt führt der Weg nach Norden: Voßhöfen, Höstreichberg, der Ruhrhöhenweg, das Blumental und später der Eingang zum Schlebuscher Erbstollen, über 200 Jahre alt und mit 13 Kilometern der längste Entwässerungsstollen im Ruhrgebiet. Wieder im Ruhrtal, kommt man entlang der Bahnlinie zurück nach Wetter. Thorben hat die Route als Komoot-Link zum Nachwandern bei Facebook hinterlegt.

Adresse Tour ab Burg Volmarstein: Grundschöttel, Schlebusch, Blumental, Voßhöfen, Höstreichberg, über den Ruhrhöhenweg, wieder Blumental, »Mittelpunkt der Stadt Wetter«, Öffnung Schlebuscher Erbstollen, mit dem Ruhrtalradweg zurück nach Wetter | Anfahrt ab Dortmund oder Hagen S5 bis Bahnhof Wetter | Tipp nächste Ruhrkurve: Herdecke. Dort kann man Stand-up-Paddling-Boards leihen und die Gegend vom Wasser aus erkunden.

108 Der Mäanderweg

Wanderbahnhof, Siegschleife und Wasserfall

Der Bahnhof in Windeck-Schladern macht sich ziemlich groß, dafür dass er nur zwei Gleise hat. Hohe, wilhelminisch repräsentative Giebel deuten auf eine lange, stolze Geschichte hin. Erbaut wurde er vor 160 Jahren. Neulich wurde er ganz modern zum »Wanderbahnhof des Jahres« gewählt.

»Mäanderweg« heißt die Route, die zunächst dem alten Flussbett der Sieg nach Norden folgt, eine weite Schleife dreht und dann zur Burgruine Windeck ansteigt. Wer keinen Fremdenführer dabeihat, kann dort sein Handy benutzen: An der Infotafel an der Westseite der Burg beginnt ein Audioguide. Man ruft an und hört von Schauspielern vorgelesene Szenen, während man weiterspaziert. Nach dem Abstieg ins Tal lohnt sich ein Blick ins Museumsdorf Altwindeck. Es ist an Wochenenden nachmittags geöffnet und bietet einen Einblick ins Leben in der Region, wie es früher einmal war.

Nächster Anstieg: Kolfenberg. Dort sieht der örtliche Tourismusverband eine Rast vor. Fabian Raphael aus dem WDR 2 Morgenmagazin-Team schwärmt dagegen von der »ganz wunderbaren Siegschleife«, die man vor sich hat, wenn man vom Kolfenberg wieder runterklettert.

Einig sind sich die meisten Kommentatoren bei Facebook – und auch der WDR 2 Wanderexperte –, dass diese Wanderung mit einer Einkehr in Elmores Biergarten beschlossen werden muss. Fabians Fazit zu diesem Lokal: »Irgendwie cool … zwischen hippem Berliner Biergarten und Siegtal eben.« Man sitzt in einer halb offenen Industrieruine – den Resten des ehemaligen Elmore's-Werks, das an dieser Stelle Kupferrohre mit Hilfe von Strom aus Wasserkraft herstellte – und schaut auf die Stromschnellen. Der Wasserfall unterhalb ist übrigens künstlich, die Sieg bekam eine Abkürzung in den Fels gesprengt. Das ersparte der Eisenbahn zwei Brücken über den kurvigen Fluss. Und damit sind wir thematisch wieder bei unserem Ausgangspunkt, dem Bahnhof, angekommen!

Adresse Bahnhof Windeck-Schladern, Waldbröler Straße 3, 51570 Windeck-Schladern; Tourlänge Mäanderweg: acht Kilometer, Höhenmeter: 230! | **Anfahrt** RE 9 ab Aachen/Köln oder Siegen bis Schladern (Sieg) | **Tipp** vom Wanderfabian: Im Siegtal erwarten einen die Erlebniswege Sieg, 20 Wanderwege zwischen vier und 23 Kilometern, die perfekt markiert sind.

109 Über die Wupper

Ein Fluss, zwei Namen

Warum der Fluss unterwegs seinen Namen ändert, ist nicht ganz klar. Vielleicht war es der Wipper früher peinlich, dass weiter flussabwärts so viel Industrieabfall im Wasser schwamm, dass die Schüler in Wuppertal bei heißem Wetter »stinkefrei« bekamen. Jedenfalls heißt der Oberlauf Wipper und der Unterlauf Wupper. Etwa auf Höhe von Wipperfürth im Oberbergischen findet der Namenswechsel statt. Von Gestank ist heute nichts mehr zu bemerken, Wupper wie Wipper sind beliebte Ziele bei WDR 2 Raus in den Westen.

WDR 2 Hörer Udo hat sich auf die Suche nach der Wipperquelle gemacht. Das war nicht einfach, »sie liegt gut versteckt in einem Walddickicht bei Meinerzhagen«. Als Udo da war, herrschte Dürre, da war sowieso nicht viel zu finden. So wanderte er weiter, um den Lauf der Wipper zu erkunden. Teilweise geht das sehr gut auf der alten Bahntrasse der Wippertalbahn (siehe auch Nummer 67). Udo folgt dem Weg bis Schmitzwipper, dann biegt er ab: »Hinter dem Örtchen folgen ein herrlicher Waldabschnitt und Wiesen, auf denen man mitten auf dem Wanderweg Kühen begegnen kann.«

An diesem Tag kam er bis Wipperfürth, und dort wechseln wir zu einem anderen Tour-Tipp aus der Gruppe: zur Runde um die Neyetalsperre. »Natur pur« hat Heike dort erlebt – und absolute Ruhe. »Wir waren fast ganz allein auf dem Rundgang. Ein paar wenige Wanderer und Radfahrer haben unseren Weg gekreuzt. Es war traumhaft schön. Bänke zum Ausruhen waren auch vorhanden. Allerdings sollte man genug zu trinken haben, da es keine Möglichkeit gibt, etwas zu kaufen.«

Ebenfalls auf Wipperfürther Gebiet liegt die Schevelinger- oder Silbertalsperre. Sie ist viel kleiner und wird in der Wander-App Komoot als Geheimtipp gehandelt. Fehlt nur noch eine: »Wer mehr Action sucht, dem empfehle ich die Bevertalsperre, zwei Kilometer weiter«, endet Heikes Beitrag. Und damit zurück zur Wupper. Oder Wipper.

Adresse Wipperfürth | **Anfahrt** Ein Wanderparkplatz ist über die Egener Straße erreichbar. Von hier geht's zur Neyetal- und Bevertalsperre. Zur Silbertalsperre über Harhausen und Hönnige (Bus 338 ab Wipperfürth). | **Tipp** Das Pulvermuseum in der Villa Ohl ist ein interessantes, eigenwilliges Museum zum Thema Sprengstoffherstellung in der Region. Es liegt an der B 237 Richtung Meinerzhagen.

110 Das Muttental

Bahn, Kunst, Kohle, Wandern, Burg, Boot, Prost!

Direkt gegenüber von Witten liegt an der Ruhr das Wandergebiet Muttental, das gegen Ende dieses Buchs hin ein bisschen funktioniert wie ein Best-of der 111 Ausflüge. Kein Wunder, dass nur wenige Tagesziele so oft bei WDR 2 Raus in den Westen vorgeschlagen wurden wie das Muttental.

Wer am Parkplatz Nachtigallstraße parkt, steht als Erstes vor einem Museum für Grubenbahnen. Eisenbahnen aller Art sind sehr beliebt. Zweitens: Kunst. Direkt oberhalb befindet sich Schloss Steinhausen mit seinen Skulpturen. Dann: Kohle. Nur ein kleines Stück weiter ist die Zeche Nachtigall. Dieses LWL-Industriemuseum lässt uns eintauchen in 300 Jahre Kohleförderung in der Region. Darüber kann man auch viel erfahren, wenn man einen der ausgeschilderten Bergbau-Wanderwege ausprobiert (WDR 2 Hörerin Li We aus Witten: »Da liegen Zechen überall verteilt«). Stationen an der Route informieren über die Arbeit unter Tage. Das Großthema Wandern hätten wir damit abgehakt. Weiter geht's mit dem Thema Burg. Bitte schön: Burg Hardenstein, gleich am Fluss. Eine alte Ruine, aber immer noch für tolle Fotos gut. Zusätzlich kommt Gänsehautfeeling auf, wenn man sich vorstellt, dass hier einst der unsichtbare Zwergenkönig Goldemar wohnte (und den Ort verfluchte). Mehr dazu in gut sortierten Märchenbüchern.

Für einen gelungenen Ausflug fehlt noch: Boot fahren. Das geht hier in sehr malerischer Form. Die kleine Fähre über die Ruhr, gleich bei Hardenberg, ist sogar gratis. Allerdings nehmen die ehrenamtlichen Fährleute gern eine Spende für den Betrieb an. Verpflegung in stilvollem Ambiente gehört bei einem Ausflug in den Westen auch dazu, hier beispielhaft im Bethaus der Bergleute. Das ist eine uralte Schmiede, die als Versammlungsort für Bergmänner diente. Heute gibt's Proviant für Wanderer.

So weit das Best-of. Ausführliche Tipps siehe Nummer 1 bis 109. War noch nix dabei für Sie? Bitte umblättern!

Adresse Grubenbahnen: Zeche Theresia, Nachtigallstraße 27–33, 58452 Witten; Schloss Steinhausen, Auf Steinhausen 28, 58452 Witten; Zeche Nachtigall, Nachtigallstraße 35, 58452 Witten; Burg Hardenstein, Hardensteiner Weg, 58456 Witten; Fähre: ebenfalls Hardensteiner Weg; Bethaus der Bergleute: Muttentalstraße 35, 58452 Witten | Öffnungszeiten Fähre: von März–Nov. in Betrieb, ruhrtalfaehre.de | Tipp Eh ich's vergesse: Jede Menge Natur und Ruhe findet man im Muttental auch!

111__Die Legobrücken

Inspiriert durch Millionen Kinderzimmer

Zu guter Letzt ein Basteltipp: Die Eisenbahnbrücke an der Schwesterstraße im Wuppertaler Norden wurde über hundert Jahre lang von Zügen genutzt. Gut für die Passagiere, aber laut für die Anwohner. Dann wurde die Bahnstrecke stillgelegt und ein Radweg auf der Brücke installiert, die Nordbahntrasse. Und 2011 machte sich der Street-Art-Maler Martin Heuwold daran, die Unterseite der Brücke in ein Kunstwerk zu verwandeln. Jetzt sieht sie aus, als bestehe sie aus überdimensionalen Legosteinen. Viele wünschen sich spontan, die ganze Schwesterstraße würde auf diese Weise verziert.

Einen Hubwagen, vier Wochen Zeit und einige Eimer bunte Farbe, das war es im Wesentlichen, was MEGX (so Heuwolds Künstlername) noch brauchte, nachdem er die Idee und die Genehmigungen hatte. Früher mal hatte der Künstler eher nachts und ohne Erlaubnis Wände bearbeitet … aber »nach einigen Gerichtsverhandlungen und der Verbüßung der daraus resultierenden Strafen«, wie er auf seiner Homepage schreibt, beschloss er, seine Graffiti-Kunst lieber legal zu veröffentlichen.

Das kommt gut an. Die Legobrücke ist ein beliebter Fotospot geworden – an einer Stelle, die vorher sicher niemals als Ausflugsziel empfohlen worden wäre. »Die Legobrücke finde ich echt cool«, schreibt Manuela, und Sonja gibt »Daumen hoch«.

Im Sommer 2020 kam die Legobrücke 2.0 dazu: über die vierspurige Dahler Straße (B 7) in Langerfeld. Es gibt einen Verein, der solche Projekte fördert: die Wuppertalbewegung. Diesem Verein verdankt die Stadt auch den Radweg mit Fußgängerspur auf der alten Nordbahntrasse. Er ermöglicht mit Viadukten und Tunneln immerhin 23 Kilometer kreuzungs- und steigungsfreies Radeln im bergigen Wuppertal. Einziger Wermutstropfen: Wenn man auf dem Radweg ist, sieht man die Kunst auf der Unterseite nicht.

Jetzt der Tipp: Die Brücke kann man prima daheim nachbauen! Material gibt's im Kinderzimmer.

Adresse Schwesterstraße 16, 42285 Wuppertal | **Anfahrt** ab Wuppertal Hauptbahnhof Buslinien 612/622 bis Ewaldstraße, 200 Meter weiter auf der linken Seite ist die Schwesterstraße | **Tipp** Die WDR 2 Raus in den Westen-Community hat viel Street-Art gesammelt – lauter interessante Motive für Hobby-Fotografen, samt Adressen. Suchwort: »Graffiti«.

1
NIEDERLANDE
NORDRHEIN-WESTFALEN
BELGIEN
RHEINLAND-PFALZ
3
Rheine
Gronau (Westf.)
Steinfurt
Ahaus
Vreden
Coesfeld
Bocholt
Borken
Dülmen
Emmerich am Rhein
Kleve
Rhein
Goch
Kevelaer
Geldern
Neukirchen-Vluyn
Kempen
Nettetal
Tönisvorst
Viersen
Willich
Krefeld
MÖNCHENGLADBACH
Wegberg
Heinsberg
Erkelenz
Grevenbroich
Gangelt
Geilenkirchen
Jülich
Baesweiler
Alsdorf
Eschweiler
Düren
Aachen
Stolberg (Rhld.)
Simmerath
Schleiden
Kall
Mechernich
Zülpich
Euskirchen
Erftstadt
Brühl
Rheinbach
BONN
Sankt Augustin
Troisdorf
Königswinter
Bad Honnef
Bad Neuenahr-Ahrweiler
Andernach
Neuwied
Koblenz
KÖLN
Leverkusen
Solingen
DÜSSELDORF
Neuss
DUISBURG
Oberhausen
Mülheim an der Ruhr
ESSEN
GELSENKIRCHEN
Herne
BOCHUM
DORTMUND
Schwerte
Hagen
WUPPERTAL
Gummersbach
Wiehl
A31
A43
A3
A47
A40
A61
A46
A44
A4
A1
90
41
71
1
101
81
37
13
58
8
38
57
97
48
39
56
80
104
74
31
34
55
79
53
92
93
69
102
100
76
49
22
12
28
70
15
59
91
67

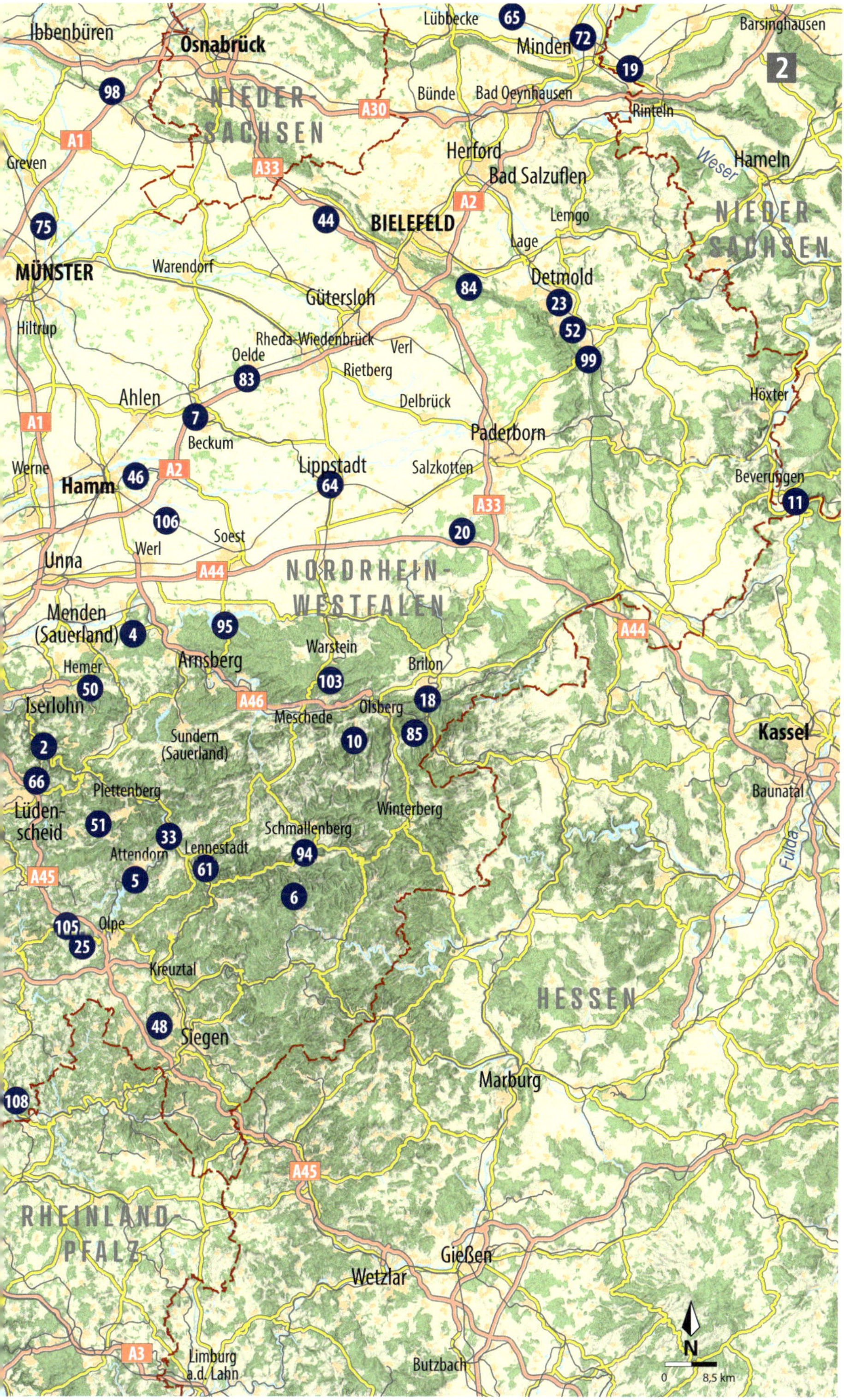
2
Ibbenbüren
Osnabrück
NIEDER-
SACHSEN
Lübbecke
Minden
Barsinghausen
Bünde
Bad Oeynhausen
Rinteln
Greven
A1
A30
A33
Herford
Bad Salzuflen
Hameln
Weser
A2
Lemgo
BIELEFELD
NIEDER-
SACHSEN
MÜNSTER
Warendorf
Lage
Detmold
Gütersloh
Hiltrup
Rheda-Wiedenbrück
Verl
Oelde
Rietberg
Ahlen
Delbrück
Höxter
Beckum
Paderborn
Werne
Hamm
Lippstadt
Salzkotten
Beverungen
Soest
Werl
Unna
A44
NORDRHEIN-
WESTFALEN
Menden
(Sauerland)
Arnsberg
Warstein
Brilon
Hemer
A46
Iserlohn
Meschede
Olsberg
Kassel
Sundern
(Sauerland)
Plettenberg
Baunatal
Lüden-
scheid
Winterberg
Schmallenberg
Attendorn
Lennestadt
Fulda
A45
Olpe
Kreuztal
HESSEN
Siegen
Marburg
RHEINLAND-
PFALZ
Gießen
Wetzlar
A3
Limburg
a.d. Lahn
Butzbach
N
0
8,5 km
65
72
19
98
75
44
84
23
52
99
83
7
46
64
106
20
11
4
95
103
50
18
85
10
2
66
51
33
94
61
5
6
105
25
48
108

3
Hamminkeln
87
A31
A43
45
48
Haltern am See
Wesel
24
Selm
A3
Dorsten
Marl
A43
Oer-Erkenschwick
Datteln
68
16
Voerde (Niederrhein)
Recklinghausen
Waltrop
Dinslaken
48
Gladbeck
Buer
Herten
21
A2
Rheinberg
A2
Bottrop
Erle
Wanne
88
Castrop-Rauxel
Herne
Kamp-Lintfort
17
35
GELSEN-KIRCHEN
DORTMUND
82
A42
Altenessen-Süd
Lütgen-dortmund
73
A42
Meiderich
Oberhausen
36
BOCHUM
Moers
26
ESSEN
A40
A40
14
DUISBURG
32
110
Witten
43
A57
Mülheim an der Ruhr
Hattingen
47
A43
Wetter (Ruhr)
A3
A52
A44
Sprockhövel
107
A1
Krefeld
Heiligenhaus
Velbert
Hagen
Gevelsberg
27
Ratingen
29
Ennepetal
Willich
A44
Barmen
111
Schwelm
Meerbusch
A3
Mettmann
WUPPERTAL
DÜSSELDORF
Gerresheim
Kaarst
42
Neuss
Bilk
Erkrath
Haan
A46
Solingen
89
86
Remscheid
Wersten
78
48
Hilden
96
54
A46
A57
Langenfeld (Rhld.)
40
A1
Wermelskirchen
109
60
Grevenbroich
Dormagen
Monheim am Rhein
Leichlingen (Rhld.)
Rhein
3
Leverkusen
63
9
A3
62
Pulheim
Bergisch Gladbach
Bergheim
A4
A61
KÖLN
Overath
A4
Frechen
A3
Rösrath
48
Hürth
Kerpen
77
N
Wesseling
Lohmar
Brühl
0
4,25 km
Erftstadt
30
Troisdorf

Theo Pagel, Brian Batstone
111 Dinge über Elefanten, die man wissen muss
ISBN 978-3-7408-0349-0

Elefanten sind die größten Landtiere unseres Planeten, und mit ihnen verbindet den Menschen eine jahrhundertelange Tradition der Elefantenhaltung. Doch durch illegale Jagd und Lebensraumschwund stehen diese wunderbaren Tiere, die Menschen seit jeher in ihren Bann gezogen haben, kurz vor dem Aussterben. Dennoch wissen viele nur wenig über sie. Gehen Sie mit auf eine Entdeckungsreise ins Reich der grauen Riesen, und lernen Sie ihre großen und kleinen Geheimnisse kennen – vom Elefantengott Ganesha bis hin zur Kommunikation mittels Infraschall.

In Kooperation mit dem WDR: Das Buch erschien zum ersten Geburtstag des Kölner Elefanten »Moma« im März 2018, für den der WDR mit dem ARD-Morgenmagazin die Patenschaft übernommen hat.

Peter Eickhoff
111 Orte in Düsseldorf, die man gesehen haben muss
ISBN 978-3-7408-0986-7

Ralf Koss, Stefanie Kuhne
111 Orte im Bergischen Land, die man gesehen haben muss
ISBN 978-3-7408-1183-9

Monika Schmitz, Britta Schmitz
111 Kölner Kirchen, die man gesehen haben muss
ISBN 978-3-7408-0991-1

Jörn Heller
111 Orte in Siegen-Wittgenstein, die man gesehen haben muss
ISBN 978-3-7408-0976-8

Rüdiger Liedtke
111 Heilige im Rheinland, die man kennen muss
ISBN 978-3-7408-0886-0

Stephanie Katerle
111 Orte in Paderborn, die man gesehen haben muss
ISBN 978-3-7408-0645-3

Daniel Robbel, Dirk Unschuld
111 Orte im Ahrtal, die man gesehen haben muss
ISBN 978-3-7408-0850-1

Ralf Koss
111 Orte in Dortmund, die man gesehen haben muss
ISBN 978-3-7408-0649-1

Garnet Manecke, Vera Anders
111 Orte in Mönchengladbach, die man gesehen haben muss
ISBN 978-3-7408-0606-4

Wir sind deins.
ARD 1

WDR 2
WIR SIND DER WESTEN
Radio hören überall mit der WDR 2 App

Martin Nusch ist seit vielen Jahren als Radioreporter für den WDR und als Buchautor unterwegs. Für dieses Buch ist er aber nicht selbst losgefahren – die Hörer von WDR 2 haben die 111 Ausflugsziele gesammelt! Getestet und diskutiert wurden die Orte allesamt von den Mitgliedern der Facebook-Gruppe »WDR 2 Raus in den Westen«.

Saschko Bach, Jahrgang 1974, ist vorrangig in der Porträtfotografie tätig und widmet sich zum Ausgleich immer wieder gern der Landschafts -und Architekturfotografie.